GO AHEAD 2.0

Handreichungen

für den Unterricht

Ideen zum Arbeiten mit Internet und Webtools für die Jahrgangsstufen 9 und 10

Cornelsen

GO AHEAD 2.0
Handreichungen für den Unterricht
Ideen zum Arbeiten mit Internet und Webtools für die Jahrgangsstufen 9 und 10

Erarbeitet von
Verena Heckmann, Saarbrücken

Verlagsredaktion
Michael Dunkel; Susanne Döpper (Projektleitung)

Layoutkonzept
graphitecture book, Rosenheim

Layout und technische Umsetzung
Buchgestaltung+, Berlin

Bildquellen
Heinz Moser, Schule 2.0. Medienkompetenz für den Unterricht, Köln 2010 (S. 8 oben); pinterest.com (S. 23); popplet.com (S. 14); Shutterstock (S. 14 (Let's go out) oben li.: Andrey_Popov, oben re.: Olga Nayashkova, unten li.: Anteromite, unten re.: Karramba Production; S. 15 (A trip to India) Elefant: David Evison, Userbilder: Sashatigar; S. 17 (What job ...?) Flaggen: Luis Molinero, Userbilder: ARaspopova; S. 23 (Science and technology) Flugzeug: IM_photo, Laptop: Pressmaster, Mädchen: CandyBox Images, Tracker: Mile Atanasov; S. 24 (One year abroad) Mitte: XiXinXing, Food: MSPhotographic, Departure: li. MO_SES Premium, re. J. D. S); voicethread.com (S. 15); voki.com – Voki is a registered trademark of Oddcast Inc. (S. 16); voxopop.com (S. 17–20); wordle.net (S. 21/22)

www.cornelsen.de

1. Auflage, 1. Druck 2014

Druck: H. Heenemann, Berlin

ISBN 978-3-06-076767-0

PEFC
PEFC/04-31-1156

PEFC zertifiziert
Dieses Produkt stammt aus nachhaltig bewirtschafteten Wäldern und kontrollierten Quellen.

www.pefc.de

Inhalt

Verwendete Abkürzungen und Symbole

KV Kopiervorlage
Partnerarbeit
Gruppenarbeit
anspruchsvollere Übung

Die in der Publikation genannten Internetadressen können inzwischen geändert worden sein.
In diesem Fall finden Sie die aktuellen Adressen unter: www.cornelsen.de/webcodes
Geben Sie dort den folgenden Webcode ein: GOAHEAD-2-0
Sollten Sie darüber hinaus weitere abweichende Adressen bemerken, so wären wir Ihnen für eine kurze Nachricht dankbar.
Bitte wenden Sie sich hierfür an: support@cornelsen.de

Web-2.0-Dienste im Unterricht

Das Internet bietet heute mit Web 2.0 und Social Media eine Fülle interaktiver Anwendungen, die als Lehr- und Lernwerkzeuge im Fremdsprachenunterricht eingesetzt werden können. Schülerinnen und Schüler verwenden diese Web-2.0-Tools, um individuelle Lernprodukte allein oder in Gruppen zu erstellen. Ihre Ergebnisse dokumentieren den Lernfortschritt *(showcase)*, sie können wiederverwendet *(reviewability)* und geändert *(revisability)* werden. Die Lernenden zeigen, teilen und überarbeiten, was sie gelernt haben. Mithilfe von Web 2.0 werden die Kernkompetenzen Sprechen und Schreiben trainiert und vertieft. Medienkompetenz wird integrativ berücksichtigt.

Bezug zum Lehrwerk **Go Ahead**

Das Lehrwerk **Go Ahead** regt an vielen Stellen die Lernenden an, eigene Inhalte zu erstellen, sei es zur Konzeption und Durchführung eines Rollenspiels, zur Gestaltung eines Posters oder zur freien Textarbeit. Web-2.0-Dienste sind Lernwerkzeuge, die die Lernenden bei der Produktion eigener Inhalte unterstützen. Auf diese Weise können die Web-2.0-Anwendungen an vielen Stellen des Lehrwerks zum Einsatz kommen. Diese Handreichungen enthalten für jede Unit produktorientierte Aufgaben und erklären beispielhaft und Schritt für Schritt, wie die Schülerinnen und Schüler diese Aufgaben mittels Web-2.0-Anwendungen umsetzen beziehungsweise vorbereiten.

Internetnutzung von Jugendlichen

Die Deutschen nutzen zunehmend das Internet in ihrem Alltag. Laut ARD/ZDF-Online-Studie 2013 sind 77,2 Prozent der deutschen Bevölkerung (2012: 75,9 Prozent, 2011: 73,3 Prozent) mittlerweile online (http://www.ard-zdf-onlinestudie.de/fileadmin/Onlinestudie/PDF/PM1_ARD-ZDF-Onlinestudie_2013.pdf). 2013 stieg die mobile Internetnutzung rasant. Der Boom bei Endgeräten führt zu hohem Anstieg der täglichen Nutzungsdauer. Das Internet spielt im Alltag von Jugendlichen eine große Rolle. Die JIM-Studie 2013 (http://www.mpfs.de/fileadmin/JIM-pdf13/JIMStudie2013.pdf) hält fest: Im Durchschnitt sind 12- bis 19-Jährige in Deutschland 179 Minuten täglich (Mo–Fr) online. Der Großteil dieser Zeit wird nach Angaben der Jugendlichen für den Bereich Kommunikation verwendet, vor allem die Nutzung von Online-Communities spielt dabei für viele eine zentrale Rolle (75 % mindestens mehrmals pro Woche). Weitere Internet-Angebote, die besonders häufig von Jugendlichen genutzt werden, sind Suchmaschinen, wie z. B. Google (80 %), und Videoportale, wie z. B. YouTube (74 %). Auch für die Schule sind Computer und Internet für Jugendliche von großer Bedeutung. Nach eigenen Angaben nutzen Schüler zwischen 12 und 19 Jahren Computer und Internet durchschnittlich 48 Minuten pro Tag (Mo–Fr), um zu Hause etwas für die Schule zu machen. Mit zunehmendem Alter steigt die Zeit am Computer für Schularbeiten oder Lernen deutlich an, so dass 18- bis 19-jährige Schüler den PC mehr als eine Stunde pro Tag (68 Min.) für die Schule nutzen. Entsprechend der Nutzung wird auch der Einfluss von Computer und Internet auf den Schulerfolg bewertet: 81 Prozent der Schüler finden es sehr wichtig bzw. wichtig zu Hause Computer und Internet für die Schule zu haben. Da also das Internet und die digitalen Medien zum Leben der Jugendlichen selbstverständlich dazugehören, liegt es nahe, dass sie auch im Unterricht und für die Nachbereitung zu Hause die Medien gern verwenden.

Der Einsatz digitaler Medien steigert die Motivation im Unterricht und für das Fach Englisch. Nutzen Sie hierfür die vielfältigen Potenziale, die das Internet und die Web-2.0-Dienste bieten, wie Zusammenarbeit, die Erstellung von Lernprodukten und die Dokumentation des Lernfortschritts.

Nutzung von Web-2.0-Diensten im Fremdsprachenunterricht

Web 2.0 ist ein Schlagwort, das seit etwa 2006 eine neue Sichtweise auf das Internet beschreibt. Der Nutzer konsumiert nicht nur Inhalte, sondern ist im Internet aktiv und tauscht sich hier mit anderen aus. Er nimmt gleichzeitig die Rolle eines Konsumenten und eines Produzenten wahr und wird somit zum Prosumer. Ein Prosumer verwendet beispielsweise Blogs (Online-Tagebücher) und Wikis (von den Nutzern veränderbare Websites, am bekanntesten ist wohl wikipedia.org), um Texte allein oder mit anderen zu schreiben und zu kommentieren; er tauscht sich in sozialen Netzwerken wie Twitter oder Facebook aus, indem er Inhalte wie Bilder oder Internetseiten teilt, und er stellt Videos und Präsentationen in Social-Media-Plattformen wie YouTube oder SlideShare ein. Das Web 2.0 bietet eine Reihe interaktiver und zusammen gestaltbarer Anwendungen, die es ermöglichen, gemeinschaftlich Artefakte zu erstellen und diese der Öffentlichkeit oder einem begrenzten Nutzerkreis zu präsentieren. Damit stehen sie im Gegensatz zu Aufgaben, die Schülerinnen und Schüler im traditionellen Unterricht mit Stift und Papier bearbeiten und die meist ungesehen in der Schultasche verschwinden oder nur von der Lehrkraft zu Korrekturzwecken eingesammelt werden.

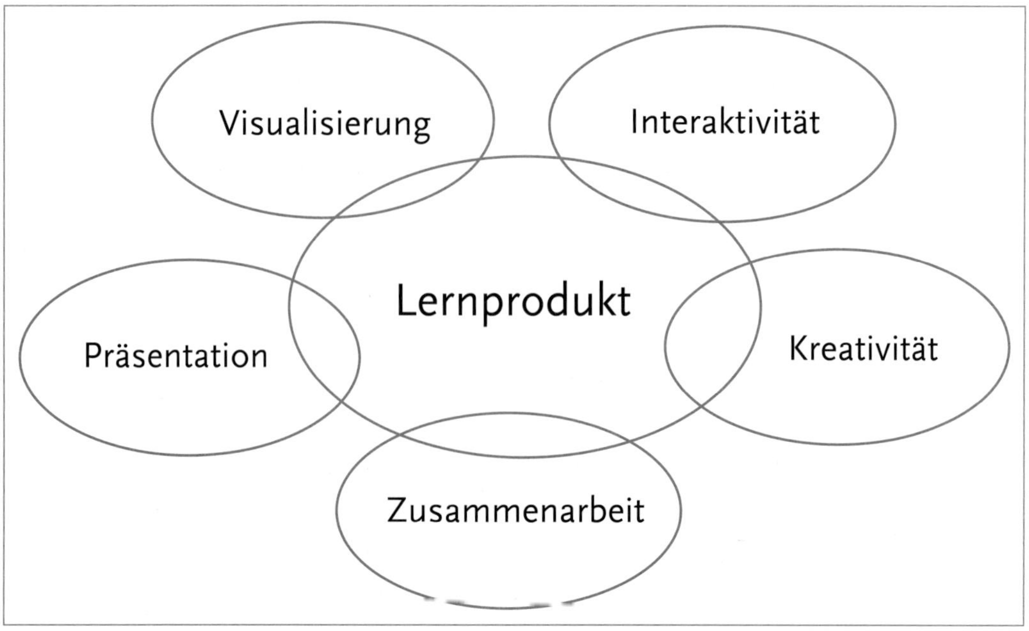

Funktionen der Lernprodukte

Lernergebnisse werden durch den Einsatz von Web 2.0 zu attraktiven Lernprodukten, die anderen gezeigt oder ihnen vorgestellt werden und die somit den Lernfortschritt über einen längeren Zeitraum hinweg dokumentieren.

Präsentation Die Schülerinnen und Schüler präsentieren das Lernprodukt mündlich der Lerngruppe. Da das Lernprodukt online gespeichert wird, ist es permanent vorhanden und kann jederzeit und von jedem Ort aus im Internet rezipiert werden.

Visualisierung Durch die Verknüpfung von Bild und Text wird die Fremdsprache verständlicher und lebensnäher. Die Schülerinnen und Schüler wählen die Bilder selbstständig und bringen somit ihre Erfahrungswelt ein. Visualisierungen unterstützen zudem das Memorieren von Vokabular.

Interaktivität Der Computer und die Web-2.0-Anwendungen sind Lernwerkzeuge, die die Schülerinnen und Schüler beim Fremdsprachenerwerb unterstützen. Spracharbeit mit Web 2.0 geht über das reine Rezipieren von Texten hinaus, da der Lernende Inhalte aktiv erstellt, teilt und überarbeitet.

Kreativität Bei der Wahl von Bildern, Textformaten und der Anordnung von Elementen wird die Kreativität der Schülerinnen und Schüler gefördert. Die Lernenden können frei gestalten und Lernprodukte „kreieren". Die gestalterische Arbeit am Computer spricht besonders Jungen an, die häufig dem Basteln und Malen weniger zugeneigt sind, und Schülerinnen und Schüler, denen die Handhabung von Schere, Leim und Stift schwerer fällt.

Zusammenarbeit Die Web-2.0-Anwendungen erlauben gemeinschaftliches Arbeiten; ein Lernprodukt hat oft mehr als einen Autor. Die Schülerinnen und Schüler erstellen zusammen Artefakte. Dabei müssen sie sich z. B. auf Inhalte und Gestaltungselemente einigen.

Didaktische Verortung der Web-2.0-Anwendungen

Zur Verortung der Web-2.0-Anwendungen in das Unterrichtsgeschehen wird der didaktische Stern nach Moser herangezogen (Moser, Heinz [2006]: Die Schule auf dem Weg zum eTeaching: Analoge und digitale Medien aus der Sicht von Lehrpersonen. Online: www.medienpaed.com/Documents/medienpaed/12/moser0605.pdf). Moser erweitert das didaktische Dreieck (Beziehung zwischen Inhalt, Lehrenden und Lernenden) um den Begriff der Medien. Daraus ergeben sich folgende Funktionen, die Medien für Lehr- und Lernzwecke erfüllen:

1. Medien als Vermittlungsinstrument zwischen Inhalt und Lehrkraft: Lehrende nutzen Medien, um Lerninhalte zu präsentieren.
2. Medien als Lernhilfe zwischen Inhalt und Lernenden: Lernende lernen mit Medien.
3. Medien als Kommunikationsmittel zwischen Lehrkraft und Lernenden.

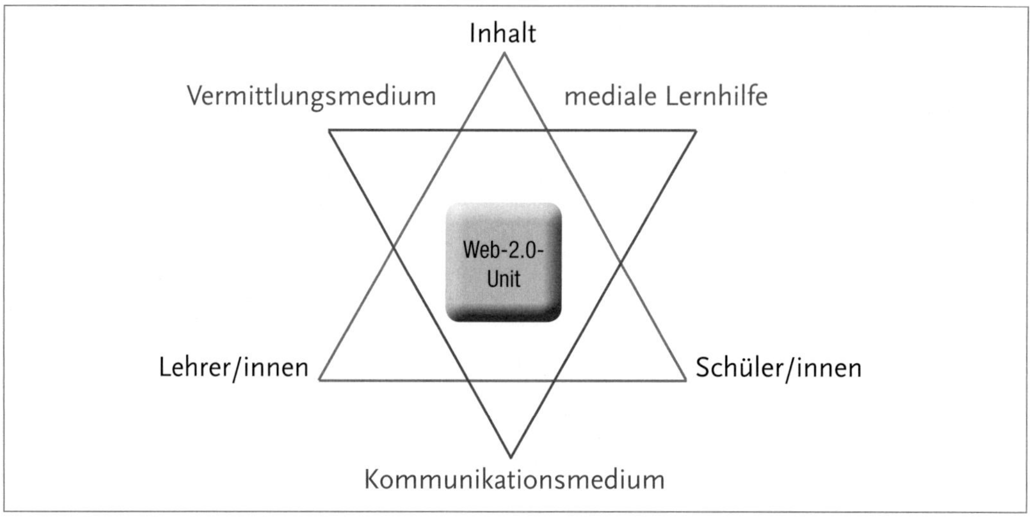

Der didaktische Stern nach Moser (2006) und die Funktionen einer Web-2.0-Unit (Vermittlungsmedium, mediale Lernhilfe und Kommunikationsmedium)

Unterrichtsstunden oder Hausaufgaben mit Web-2.0-Tools verfolgen das Ziel, die Lernenden im Internet individuelle Lernprodukte erstellen zu lassen. Dabei werden die Kernkompetenzen berücksichtigt und die Medienkompetenz wird integrativ geschult. Lehrkräfte stehen somit vor der Aufgabe, ihren Schülerinnen und Schüler ausgewählte Web-2.0-Tools zur Bearbeitung von Aufgaben zur Verfügung zu stellen. Das besondere an diesen Lernprodukten ist, dass sie jederzeit durch die Lernenden wiederverwendet und überarbeitet werden können, was zu einer Optimierung der Artefakte führen kann *(revisability und reviewability)*.

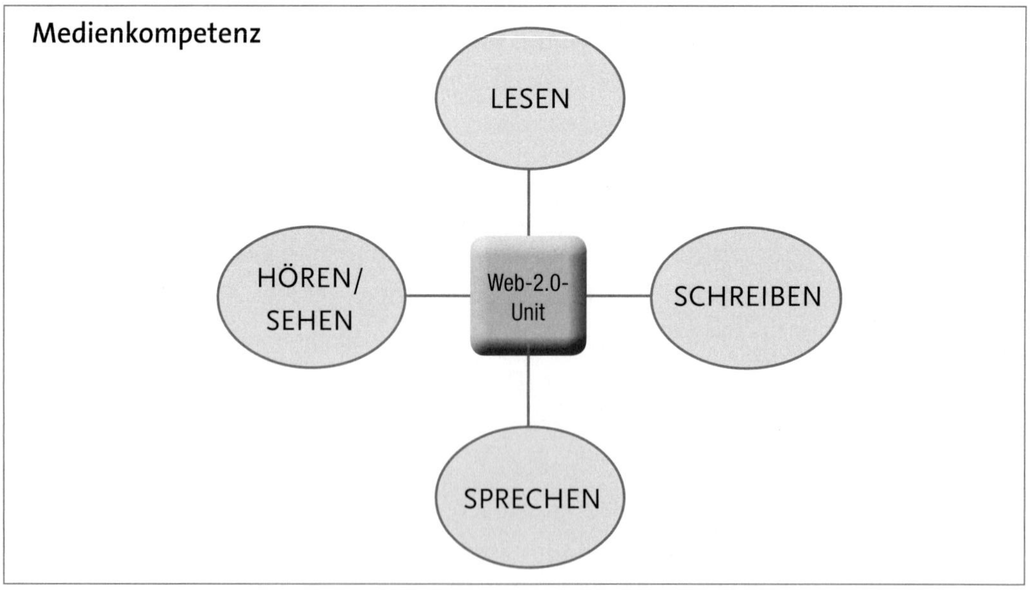

Web-2.0-Unit: Förderung der Kernkompetenzen und integrative Förderung der Medienkompetenz

Förderung der Medienkompetenz

Registrierung bei Web-2.0-Diensten

Die Nutzung der in den Handreichungen vorgestellten Web-2.0-Anwendungen erfordert in den meisten Fällen die Registrierung der Lehrkraft und der Schülerinnen und Schüler. Informieren Sie Ihre Lerngruppe über den Schutz der persönlichen Daten und der Privatsphäre, indem Sie Regeln für den Umgang mit Benutzernamen und Passwörtern sowie für die Gestaltung eines Internetprofils festlegen.

Verweis Hinweise und Checkliste zur Registrierung im Web 2.0, KV 1, S. 27

Kostenlose und kostenpflichtige Angebote

Die meisten Web-2.0-Dienste bieten eine kostenlose Basisversion und eine bezahlpflichtige Pro-Version an. In den vorliegenden Handreichungen werden ausschließlich kostenlose Basisversionen vorgestellt, die für erste Unterrichtsprojekte ausreichen und für alle Aufgaben die nötigen Werkzeuge bereitstellen. Zudem gibt es inzwischen immer mehr Angebote, die sich speziell an Personen aus dem Bildungsbereich wenden. Diese Angebote sind entweder kostenlos oder kostenpflichtig und erfordern für die Anmeldung häufig eine E-Mail-Adresse, aus der eindeutig hervorgeht, dass die Inhaberin oder der Inhaber im Bildungsbereich tätig ist, etwa an einer Schule oder Hochschule. Viele Dienste blenden häufig Werbung ein. Die Lehrkraft sollte die Schülerinnen und Schüler darauf hinweisen, die Werbeangebote zu ignorieren und sie nicht anzuklicken.

Öffentlichkeit und (Semi-)Privatheit

Zum Schutz der Privatsphäre der Lernenden und Lehrenden empfiehlt es sich, die Lernaktivitäten nur einem ausgewählten Nutzerkreis, etwa der Lerngruppe und der Lehrkraft, zur Verfügung zu stellen. Auf diese Weise bleiben die Lernenden unter sich und sprachliche Unsicherheiten bei Wortschatz, Grammatik und Idiomatik werden nicht auf einer öffentlichen Bühne zur Schau gestellt. Allerdings kann überlegt werden, gelungene Artefakte zu veröffentlichen und somit die Arbeit der Schülerinnen und Schüler in einem größeren Rahmen zu würdigen. Bei den meisten Web-2.0-Angeboten sind die Einstellungen zum Schutz der Privatsphäre transparent und leicht zu finden. Dennoch ist es erforderlich, dass sich die Lehrkraft mit diesen Einstellungen vertraut macht, indem sie sich bei dem entsprechenden Web-2.0-Dienst anmeldet und die einzelnen Optionen ausprobiert. Bei welchen Einstellungen sind die Inhalte nur für einen bestimmten Nutzerkreis zugänglich? Bei welchen Einstellungen schaut die ganze Welt zu?

- Machen Sie sich mit den Einstellungen zur Öffentlichkeit beziehungsweise (Semi-) Privatheit der Web-2.0-Dienste vertraut und informieren Sie die Lerngruppe über die Optionen.

- Private Lernaktivitäten sind nur für den Lernenden sichtbar und möglicherweise für die Lehrkraft.
- Halb private Lernaktivitäten sind für den Lernenden sichtbar und für eine Gruppe, deren Mitglieder dem Lernenden bekannt sind und die er zu seinen Lernaktivitäten zulässt, etwa Mitschülerinnen und Mitschüler oder eine Schulklasse.
- Öffentliche Lernaktivitäten sind für jeden sichtbar und zugänglich, also potenziell für die ganze Welt.

Urheberrecht

Bei der Nutzung von Bildern, Audiodateien oder Videos ist darauf zu achten, dass das Material zur Wiederverwendung gekennzeichnet und lizenzfrei ist. Dies lässt sich beispielsweise an einer Creative-Commons-Lizenz (CC) erkennen (mehr Informationen finden Sie unter: de.creativecommons.org) oder an dem Hinweis „zur Wiederverwendung gekennzeichnet". Lizenzfreies Material bietet die Website Wikimedia Commons (http://commons.wikimedia.org/wiki/Hauptseite) an. Inhalte, die von anderen übernommen werden, sollten zudem als solche gekennzeichnet werden, etwa als Zitat und durch Quellenangaben.

Niedrige Einstiegsschwelle

Die Einstiegsschwelle bei Web-2.0-Diensten ist sehr niedrig, da alle, die bereits in der Lage sind, mit den gängigen Textverarbeitungsprogrammen umzugehen oder einen Anhang per E-Mail zu versenden, mühelos die Web-2.0-Anwendungen werden nutzen können. Applikationen im Web 2.0 sind auch für Anfänger intuitiv bedienbar und zeichnen sich dadurch aus, dass sie die Nutzer an die Hand nehmen. Häufig werden (mehrsprachige) Tutorials und Schritt-für-Schritt-Anleitungen als Video *(screencast)* oder in Textform zum direkten Nachahmen angeboten. Die unmittelbaren Hilfsfunktionen sind umfangreich und ein *learning by doing* verschafft schnelle Erfolgserlebnisse.

Technische Vorbereitung

- Machen Sie sich mithilfe dieser Handreichungen und des Internets mit den Web-2.0-Diensten vertraut, bevor Sie mit den Schülerinnen und Schülern damit arbeiten. **Tipp:** Schicken Sie Ihre Schülerinnen und Schüler auf „Erkundungstour" durch die Web-2.0-Dienste und lassen Sie sich anschließend in deren Möglichkeiten einführen.
- Nutzen Sie Tutorials, die viele der Web-2.0-Dienste auf ihren Websites zur Nachahmung anbieten. Meistens handelt es sich um Video-Tutorials, die einen Überblick über die Web-2.0-Dienste geben und Sie Schritt für Schritt in die wichtigen Grundfunktionen einführen.
- Testen Sie die Web-2.0-Dienste auf den Rechnern in der Schule. Häufig sind an Schulen bestimmte Dienste gesperrt oder Funktionen nur eingeschränkt nutzbar. Wenn Web-2.0-Dienste vom heimischen Rechner aus ohne Probleme laufen, ist noch nicht garantiert, dass Sie damit auch in der Schule arbeiten können. Fragen Sie

gegebenenfalls den Netzwerkadministrator Ihrer Schule und sprechen Sie Kolleginnen und Kollegen an, die ebenfalls diese Dienste im Unterricht nutzen möchten.
- Informieren Sie die Erziehungsberechtigten darüber, dass Sie im Fremdsprachenunterricht mit dem Internet arbeiten und/oder dass die Schülerinnen und Schüler dieses für ihre Hausaufgaben nutzen werden.
- Die in dieser Publikation angegebenen Adressen der Websites können zwischenzeitlich geändert worden sein. In einem solchen Fall finden Sie die aktuellen Adressen unter: www.cornelsen.de/webcodes
  Geben Sie dort den folgenden Webcode ein: GOAHEAD-2-0

Zum Weiterlesen

Internetnutzung von Jugendlichen:
- Die ARD/ZDF-Online-Studie erscheint seit 1997 jährlich und informiert über die Nutzung des Internets in Deutschland. Online: www.ard-zdf-onlinestudie.de
- Die JIM-Studie (Jugend, Information, [Multi-]Media) des Medienpädagogischen Forschungsverbundes Südwest, seit 1998 jährlich herausgegeben, enthält eine Basisstudie zum Umgang von 12- bis 19-Jährigen mit Medien und Information.
  Online: www.mpfs.de

Didaktische Verortung der Web-2.0-Anwendungen:
- Moser, Heinz [2006]: Die Schule auf dem Weg zum eTeaching: Analoge und digitale Medien aus der Sicht von Lehrpersonen. Online: http://www.medienpaed.com/Documents/medienpaed/12/moser0605.pdf
- Wagner, Jürgen; Heckmann, Verena (Hg.): Web 2.0 im Fremdsprachenunterricht. Ein Praxisbuch für Lehrende in Schule und Hochschule, Glückstadt 2012

Registrierung bei Web-2.0-Diensten und Urheberrecht:
- Über den Schutz von persönlichen Daten im Internet informiert die europäische Initiative Klicksafe: www.klicksafe.de
- Klicksafe-Broschüre (2013): The web we want. Online: http://www.klicksafe.de/service/materialien/broschueren-ratgeber/the-web-we-want
- Klicksafe-Broschüre (2011): Nicht alles, was geht, ist auch erlaubt! Downloaden, tauschen, online stellen – Urheberrecht im Alltag. Zusatzmodul zu Knowhow für junge User. Materialien für den Unterricht. Online: http://www.klicksafe.de/service/materialien/broschueren-ratgeber/nicht-alles-was-geht-ist-auch-erlaubt-urheber-und-persoenlichkeitsrechte-im-internet
- Creative-Commons-Lizenz (CC): de.creativecommons.org

Was ist was – Web-2.0-Dienste auf einen Blick

Popplet

Hier können Collagen, Poster und Fotoromane geschaffen werden. Popplet fördert die Schreib- und Sprechkompetenz.

Verweise
- Anleitung für Lehrerinnen und Lehrer, S. 14
- Anleitung für Schülerinnen und Schüler, KV 30, S. 42
- Web-2.0-Aufgabe zu Go Ahead 9 | Unit 1, KV 4, S. 29
- Web-2.0-Aufgabe zu Go Ahead 10 | Unit 2, KV 21, S. 37
- Web-2.0-Aufgabe zu Go Ahead 10 | Unit 4, KV 28, S. 41

VoiceThread

Dieser Dienst regt mit Bildimpulsen zum Sprechen an und fördert Diskussionen in der Gruppe.

Verweise
- Anleitung für Lehrerinnen und Lehrer, S. 15
- Anleitung für Schülerinnen und Schüler, KV 31, S. 44
- Web-2.0-Aufgabe zu Go Ahead 9 | Unit 3, KV 10, S. 32
- Web-2.0-Aufgabe zu Go Ahead 9 | Unit 4, KV 15, S. 34
- Web-2.0-Aufgabe zu Go Ahead 10 | Unit 1, KV 17, S. 35
- Web-2.0-Aufgabe zu Go Ahead 10 | Unit 4, KV 27, S. 40

Voki

Die Lernenden erstellen einen Avatar, schlüpfen in eine andere Rolle und trainieren das zusammenhängende Sprechen.

Verweise
- Anleitung für Lehrerinnen und Lehrer, S. 16
- Anleitung für Schülerinnen und Schüler, KV 32, S. 45
- Web-2.0-Aufgabe zu Go Ahead 9 | Unit 2, KV 6, S. 30
- Web-2.0-Aufgabe zu Go Ahead 9 | Unit 3, KV 11, S. 32
- Web-2.0-Aufgabe zu Go Ahead 10 | Unit 2, KV 20, S. 37
- Web-2.0-Aufgabe zu Go Ahead 10 | Unit 3, KV 26, S. 40

Voxopop

Mit Voxopop können mündliche Gruppendiskussionen gestaltet werden.

Verweise
- Anleitung für Lehrerinnen und Lehrer, S. 17
- Schritt für Schritt: Anleitung für Voxopop, S. 18
- Anleitung für Schülerinnen und Schüler, KV 33, S. 47
- Web-2.0-Aufgabe zu Go Ahead 9 | Unit 1, KV 2, S. 28
- Web-2.0-Aufgabe zu Go Ahead 9 | Unit 2, KV 7, S. 30

- Web-2.0-Aufgabe zu Go Ahead 10 | Unit 2, KV 22, S. 38
- Web-2.0-Aufgabe zu Go Ahead 10 | Unit 4, KV 29, S. 41

Wordle

Wortschatz, Lektionstexte und Texte der Lernenden lassen sich in einer Wortwolke visualisieren. Wordle fördert die Schreib- und Sprechkompetenz.

Verweise
- Anleitung für Lehrerinnen und Lehrer, S. 21
- Anleitung für Schülerinnen und Schüler, KV 34, S. 49
- Web-2.0-Aufgabe zu Go Ahead 9 | Unit 1, KV 3, S. 28
- Web-2.0-Aufgabe zu Go Ahead 9 | Unit 2, KV 5, S. 29
- Web-2.0-Aufgabe zu Go Ahead 9 | Unit 4, KV 13, S. 33
- Web-2.0-Aufgabe zu Go Ahead 10 | Unit 1, KV 18, S. 36
- Web-2.0-Aufgabe zu Go Ahead 10 | Unit 3, KV 24, S. 39

Pinterest

Bei Pinterest können Bilder und Videos mit Beschreibungen auf eine virtuelle Pinnwand geheftet werden. Dieser Dienst fördert die Schreib- und Sprechkompetenz.

Verweise
- Anleitung für Lehrerinnen und Lehrer, S. 23
- Anleitung für Schülerinnen und Schüler, KV 35, S. 51
- Web-2.0-Aufgabe zu Go Ahead 9 | Unit 3, KV 9, S. 31
- Web-2.0-Aufgabe zu Go Ahead 9 | Unit 4, KV 14, S. 34
- Web-2.0-Aufgabe zu Go Ahead 10 | Unit 1, KV 16, S. 35
- Web-2.0-Aufgabe zu Go Ahead 10 | Unit 3, KV 25, S. 39

Prezi

Prezi bietet eine Alternative zu Standard-Präsentationsprogrammen, da dynamische Animationseffekte verwendet werden können. Einzelne Bereiche der Präsentation (Text, Bild und Video) können herein- und herausgezoomt werden. Dieser Dienst fördert die Schreib- und Sprechkompetenz.

Verweise
- Anleitung für Lehrerinnen und Lehrer, S. 24
- Anleitung für Schülerinnen und Schüler, KV 36, S. 53
- Web-2.0-Aufgabe zu Go Ahead 9 | Unit 2, KV 8, S. 31
- Web-2.0-Aufgabe zu Go Ahead 9 | Unit 3, KV 12, S. 33
- Web-2.0-Aufgabe zu Go Ahead 10 | Unit 1, KV 19, S. 36
- Web-2.0-Aufgabe zu Go Ahead 10 | Unit 2, KV 23, S. 38

Anleitung für Lehrerinnen und Lehrer: Popplet im Unterricht einsetzen

popplet

Kompetenzbereiche Schreiben und Sprechen

Collagen, Poster und Fotoromane mit Popplet erstellen

Weblink: http://popplet.com

Web-2.0-Aktivität

Die Schülerinnen und Schüler gestalten Collagen aus Text und Fotos. Auf diese Weise erstellen sie Präsentationen, illustrieren den Wortschatz zu einer Unit oder erzählen Fotoromane.

Sozialform: Einzel-, Partner- oder Gruppenarbeit

Lernprozess: Die Schülerinnen und Schüler verknüpfen (animierte) Bilder mit geschriebenem Text und präsentieren ihre Ergebnisse mündlich. Auf diese Weise trainieren sie den Wortschatz, das Schreiben und das zusammenhängende Sprechen.

Präsentation der Lernprodukte: Die Popplets werden über Beamer o. ä. präsentiert und mündlich vorgestellt. Änderungen können direkt vorgenommen werden (etwa Fehler in Grammatik oder Wortschatz).

Medien: Beamer/Whiteboard

Tipp: Die Popplets lassen sich ausdrucken und als PDF oder Bild (jpg- oder png-Datei) exportieren, um sie ins Heft einzukleben oder in ein weiteres digitales Dokument einzufügen.

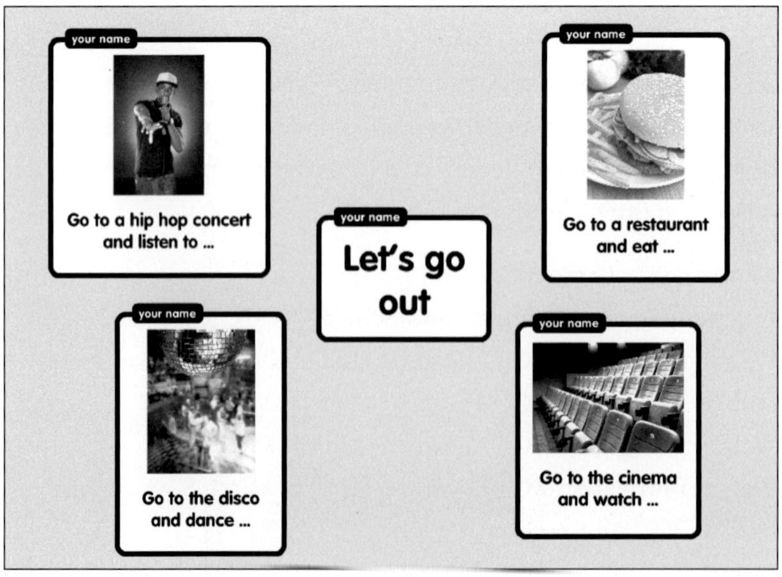

Popplet zum Thema „Let's go out" (Go Ahead 9, Unit 1)

Verweis: Anleitung für Schülerinnen und Schüler: So erstelle ich ein Popplet, KV30, S. 42

Anleitung für Lehrerinnen und Lehrer: VoiceThread im Unterricht einsetzen

VOICETHREAD

Kompetenzbereich Sprechen

Bildgestütztes Sprechen und Gruppendiskussionen mit VoiceThread

Weblink www.voicethread.com → Ein Beispiel für ein VoiceThread steht Ihnen im Internet zur Verfügung. Gehen Sie dazu auf www.cornelsen.de/webcodes und geben Sie den folgenden Webcode ein: GOAHEAD-2-0

Web-2.0-Aktivität

Schülerinnen und Schüler kommentieren gemeinsam ein Bild oder mehrere Bilder, die entweder von der Lehrkraft vorgegeben wurden oder die sie selbst gewählt haben. Dazu spricht jeder Lernende seinen Beitrag über ein Headset oder Mikrofon auf. Die Kommentare reihen sich um die Bilder herum und können angehört werden.

Sozialform Einzel- und Gruppenarbeit

Lernprozess Die Schülerinnen und Schüler üben sowohl das zusammenhängende als auch das dialogische Sprechen. Sie hören die Beiträge der anderen und knüpfen daran an.

Präsentation der Lernprodukte Die VoiceThreads der einzelnen Gruppen werden frontal über Beamer o. ä. und Lautsprecher präsentiert. Anschließend kommentieren die Lernenden in einer weiteren Arbeitsphase die VoiceThreads der jeweiligen anderen Gruppen am Computer.

Medien Beamer/Whiteboard, Lautsprecher, Headset/Mikrofon

Tipp Ein VoiceThread lässt sich auf Websites, Blogs oder in Lernplattformen (wie Moodle) einbinden. Damit können die VoiceThreads der Lerngruppe zur Verfügung gestellt werden.

VoiceThread zum Thema „A trip to India“ mit mündlichen Kommentaren (Go Ahead 9, Unit 4)

Verweis Anleitung für Schülerinnen und Schüler: So erstelle ich ein VoiceThread, KV 31, S. 44

Anleitung für Lehrerinnen und Lehrer: Voki im Unterricht einsetzen

Kompetenzbereich Sprechen

Sprechen mit Voki

Weblink: www.voki.com → Ein Beispiel für ein Voki steht Ihnen im Internet zur Verfügung. Gehen Sie dazu auf www.cornelsen.de/webcodes und geben Sie den folgenden Webcode ein: GOAHEAD-2-0

Web-2.0-Aktivität

Die Schülerinnen und Schüler verleihen einer animierten Figur ihre eigene Stimme. Sie erzählen über sich oder aus der Perspektive einer anderen Figur und schlüpfen so in eine fremde Rolle. Dafür stehen ihnen verschiedene Avatare zur Verfügung wie Tiere, Fantasiegestalten, aber auch Persönlichkeiten des öffentlichen Lebens. Die einzelnen Audiobeiträge (Vokis) können bis zu 60 Sekunden lang sein. Entweder sprechen die Lernenden den Audiobeitrag direkt über ein Headset oder Mikrofon auf oder sie laden eine Audiodatei hoch, die sie zuvor mithilfe eines Handys o. ä. erstellt haben. Alternativ kann geschriebener Text eingegeben werden, der anschließend von der animierten Figur vorgelesen wird (Funktion *Text To Speech*).

Sozialform: Einzelarbeit

Lernprozess: Die Schülerinnen und Schüler trainieren das zusammenhängende Sprechen.

Präsentation der Lernprodukte: Die Vokis werden der Klasse über Beamer o. ä. und Lautsprecher präsentiert und gemeinsam besprochen. Anschließend können die Schülerinnen und Schüler ihre Vokis überarbeiten.

Medien: Beamer/Whiteboard, Lautsprecher, Headset/Mikrofon

Tipp: Die Vokis lassen sich auf Websites, Blogs oder in Lernplattformen (z. B. Moodle) einbinden. Damit können die Vokis der Lerngruppe zur Verfügung gestellt werden.

Die Lernenden präsentieren sich oder schlüpfen in eine andere Rolle

Verweis: Anleitung für Schülerinnen und Schüler: So erstelle ich ein Voki, KV 32, S. 45

Anleitung für Lehrerinnen und Lehrer: Voxopop im Unterricht einsetzen

VOXOPOP

Kompetenzbereich Sprechen

Diskutieren im Audioforum Voxopop

Weblink: www.voxopop.com → Ein Beispiel für ein Voxopop steht Ihnen im Internet zur Verfügung. Gehen Sie dazu auf www.cornelsen.de/webcodes und geben Sie den folgenden Webcode ein: GOAHEAD-2-0

Web-2.0-Aktivität

Die Schülerinnen und Schüler diskutieren in einem Audioforum mündlich. Zu Beginn eröffnet die Lehrkraft eine neue Gesprächsgruppe *(Talkgroup)* und lädt die Schülerinnen und Schüler zur Teilnahme an der Diskussion ein. Anschließend erstellen die Schülerinnen und Schüler ihre Beiträge und haben dabei die Möglichkeit, die Nachrichten ihrer Mitschülerinnen und Mitschüler anzuhören und Antworten mündlich zu formulieren.

Sozialform: Einzel- und Gruppenarbeit

Lernprozess: Schülerinnen und Schüler trainieren das zusammenhängende und dialogische Sprechen.

Präsentation der Lernprodukte: Die Nachrichten können von allen Mitgliedern der Gesprächsgruppe angehört und neue Nachrichten hinzugefügt werden.

Medien: Headset/Mikrofon

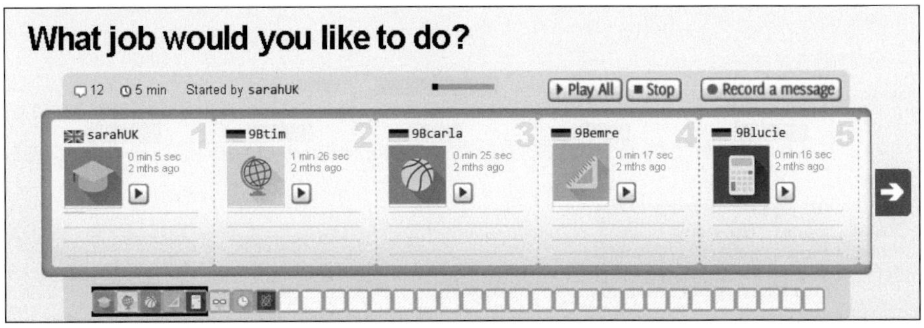

Diskussionsgruppe zum Thema „What job would you like to do?“

Verweise:
- Schritt für Schritt: Anleitung für Voxopop, S. 18
- Anleitung für Schülerinnen und Schüler: So diskutiere ich mit Voxopop, KV 33, S. 47

Schritt für Schritt: Anleitung für Voxopop

VOXOPOP

Folgen Sie den Schritten, um eine neue Gesprächsgruppe bei Voxopop (www.voxopop.com) anzulegen und Schülerinnen und Schüler zur Teilnahme einzuladen.
Bereits vor der Unterrichtsstunde sollten die neue Gesprächsgruppe erstellt und die Schülerinnen und Schüler eingeladen werden. Anschließend planen Sie etwa eine komplette Unterrichtsstunde ein, in der sich Ihre Schülerinnen und Schüler mit Voxopop vertraut machen und erste Beiträge aufnehmen. Die Schülerinnen und Schüler sollten sich bei Voxopop ebenfalls im Vorfeld anmelden, damit die zur Verfügung stehende Zeit genutzt werden kann, um den Umgang mit Voxopop zu lernen.

Vorbereitende (häusliche) Aktivitäten

1. Die Schülerinnen und Schüler melden sich bei Voxopop an.
2. Die Lehrkraft eröffnet eine neue Gesprächsgruppe und verschickt Einladungen für die neue Gesprächsgruppe an die Schülerinnen und Schüler.
3. Die Schülerinnen und Schüler nehmen die Einladungen an und melden sich bei der Gesprächsgruppe an.

Aktivitäten in der Schulstunde (Dauer: ca. eine Unterrichtsstunde)

1. Die Schülerinnen und Schüler machen sich mit Voxopop vertraut.
2. Die Schülerinnen und Schüler nehmen erste Beiträge auf.

Sobald Ihre Schülerinnen und Schüler mit Voxopop vertraut sind, können Sie ihnen den Auftrag geben, neue Gesprächsgruppen zu gründen und Mitglieder einzuladen.

1. Nachdem Sie sich bei Voxopop registriert haben *(Sign up, join in!)*, loggen Sie sich mit Ihrem Benutzernamen *(username)* und Passwort *(password)* ein *(Log in)*.

Registrierung und Log in *bei Voxopop*

2. Gründen Sie eine neue Gesprächsgruppe, indem Sie in der Menüleiste den Button *Start a talkgroup* aktivieren.

Button zur Gründung einer neuen Gesprächsgruppe

3. Es folgt ein Formularfeld, in dem Sie die Eigenschaften Ihrer Gesprächsgruppe festlegen. Dazu gehören auch wichtige Sicherheitseinstellungen, um Ihre Gruppe privat zu halten.

- Geben Sie der Diskussionsgruppe einen Namen *(Talkgroup Name)*, z. B. Lerngruppe 6b.
- Wählen Sie aus, um welche Art von Gesprächsgruppe *(Type of Group)* es sich handelt, z. B. *Class*.
- Wählen Sie die Kategorie *(Category)* aus, etwa *Education and Language*.
- Wählen Sie die wichtige Sicherheitseinstellung *Private*, um nur geladenen Mitgliedern den Zugang zur Gesprächsrunde zu gewähren.
- Wählen Sie ein Profilbild *(Custom Image)* für Ihre Gesprächsgruppe aus. Laden Sie dieses hoch und bestimmen Sie die Farbe des Rahmens (*Colour Scheme*).
- Beschreiben Sie ihre Gruppe *(Description)*. Sie können zusätzlich Verhaltensregeln *(Rules of Conduct)* festlegen, z. B.: Sprich laut und deutlich; höre die Beiträge deiner Mitschülerinnen und Mitschüler an; sprich frei; benutze einen Stichwortzettel. Zudem kann eine Website *(Associated URL)*, etwa die Homepage der Schule oder die Adresse des Klassenblogs, eingegeben werden.
- Sie haben die Möglichkeit, innerhalb der Gesprächsgruppe verschiedene Untergruppen *(Discussion Zones)* zu bilden. Dies bietet sich an, wenn die Schülerinnen und Schüler in Gruppen arbeiten. Jede Gruppe erhält einen eigenen Diskussionsbereich zu einem Oberthema. Auf diese Weise gewinnt die Diskussion an Übersichtlichkeit.
- Klicken Sie nach Ausfüllen des Formulars auf den Button *Create my Talkgroup*.

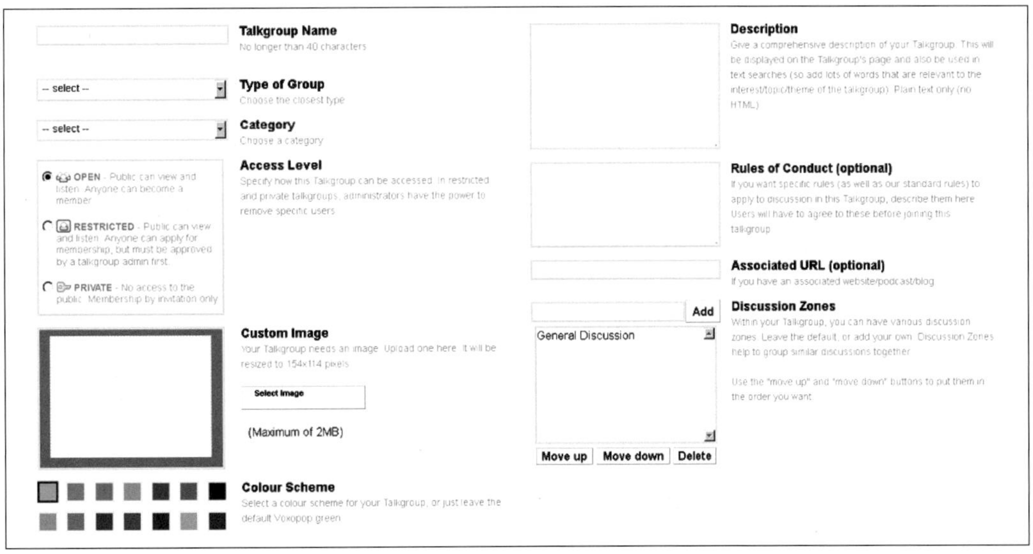

Formularfeld zur Festlegung der Eigenschaften der Diskussionsgruppe (Talkgroup)

4. In Ihrem Profil finden Sie eine Liste der Gesprächsgruppen, die Sie gegründet haben. Rufen Sie eine Gruppe auf und aktivieren Sie den Button *Invite others to join*.

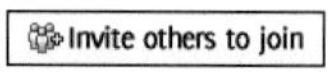

Weitere Mitglieder zur Diskussionsgruppe hinzufügen

5. Geben Sie die E-Mail-Adressen Ihrer Schülerinnen und Schüler ein, um diese zur Gesprächsgruppe einzuladen. Betätigen Sie die Enter-Taste nach jeder eingegebenen E-Mail-Adresse. Versenden Sie die Einladung über den Button *Send out the invitations*.

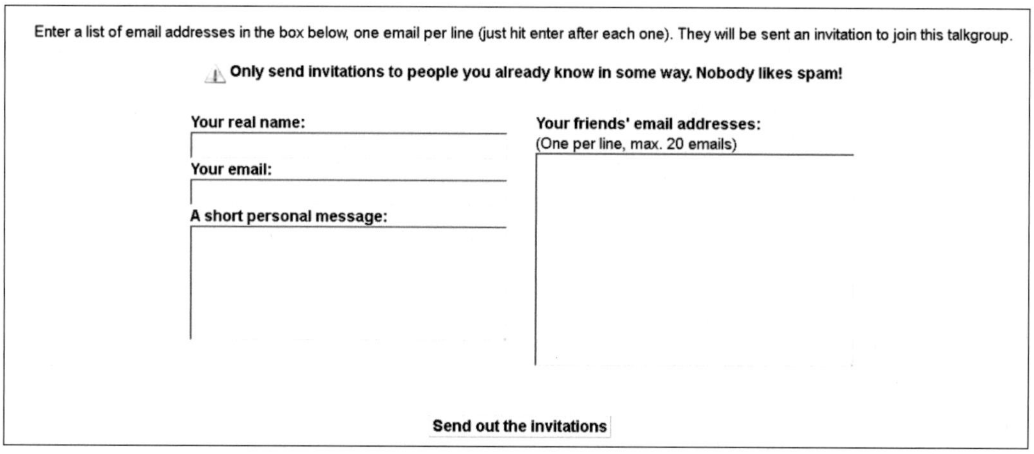

Einladungen für neue Mitglieder der Gesprächsgruppe versenden

Verweise
- Anleitung für Lehrerinnen und Lehrer: Voxopop im Unterricht einsetzen, S. 17
- Anleitung für Schülerinnen und Schüler: So diskutiere ich mit Voxopop, KV 33, S. 47

Anleitung für Lehrerinnen und Lehrer: Wordle im Unterricht einsetzen

Wordle™

Kompetenzbereiche Schreiben und Sprechen

Wortschatz, Unit-Texte und Texte der Lernenden in einer Wortwolke mit Wordle visualisieren

Weblink: www.wordle.net

Web-2.0-Aktivität

Schülerinnen und Schüler visualisieren Vokabellisten und Unit-Texte und erstellen Assoziogramme in Form von Wortwolken. Dabei erscheinen die Wörter nach der Häufigkeit ihrer Eingabe unterschiedlich groß – das Ausmaß eines Wortes hängt also von seiner Frequenz ab. Für die Erarbeitung eines Wordle können die Lernenden einzelne Wörter eingeben, aber auch Sätze und Texte. Beachten Sie, dass Satzzeichen sowie Akzente auf Großbuchstaben nicht berücksichtigt und dass immer nur Einzelwörter dargestellt werden. Wenn Sie also möchten, dass bestimmte Wörter nicht getrennt werden, müssen Sie ein „geschütztes Leerzeichen" eingeben (bei Windows z. B. mithilfe der Zahleneingabe über den Ziffernblock mit der Kombination „Alt + 0160" – dabei die Alt-Taste gedrückt halten).

Sozialform: Einzel-, Partner- oder Gruppenarbeit

Lernprozess: Die Schülerinnen und Schüler arbeiten mit dem Wortschatz, schreiben und üben das zusammenhängende Sprechen.

Präsentation der Lernprodukte: Die Wortwolken werden der Lerngruppe über Beamer o. ä. präsentiert. Ein Wordle bietet Sprechanlässe für weitere Unterrichtsgespräche.

Medien: Beamer/Whiteboard

Tipp: Die Wortwolken können ausgedruckt werden, um sie im Klassenraum aufzuhängen oder in das Heft zu kleben.

Visualisierung des Unit-Textes „Careers abroad" (Go Ahead 9, Unit 2, Text 1)

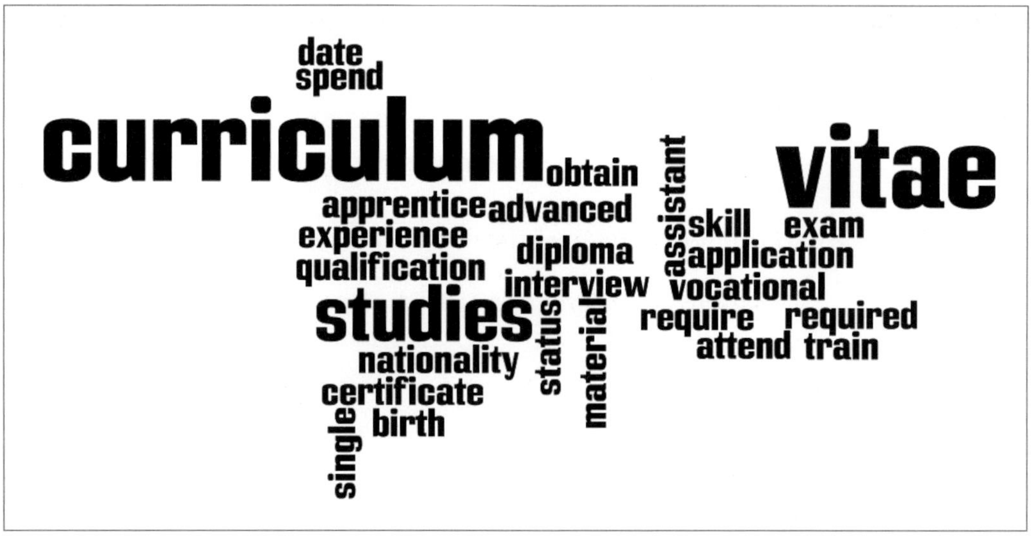

Vokabelnetz/Assoziogramm zum zentralen Begriff „curriculum vitae" (Go Ahead 9, Unit 2)

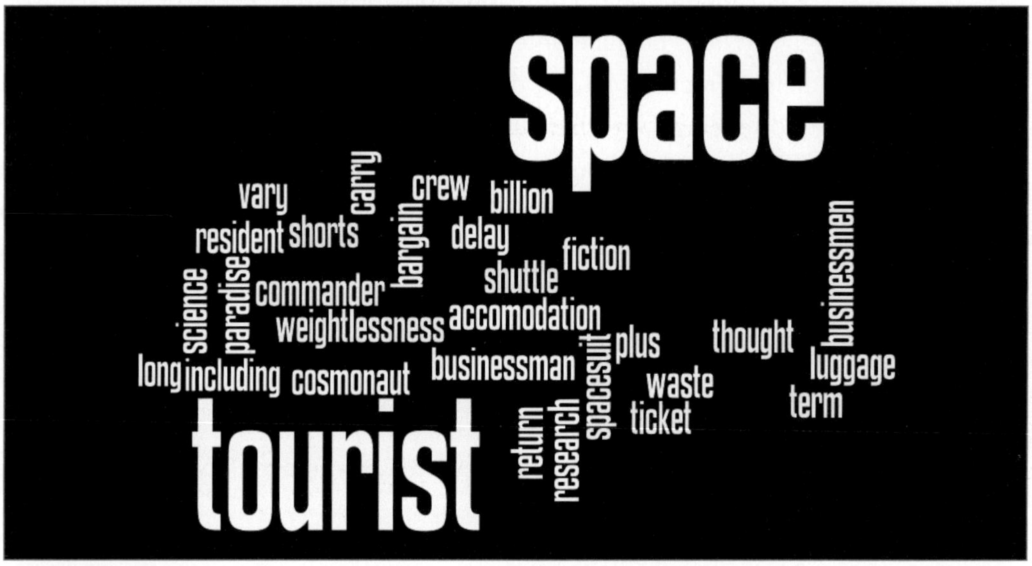

Visualisierung des Vokabulars „Space tourist" (Go Ahead 9, Unit 3, Text 1)

Verweis Anleitung für Schülerinnen und Schüler: So erstelle ich ein Wordle, KV 34, S. 49

Anleitung für Lehrerinnen und Lehrer: Pinterest im Unterricht einsetzen

Kompetenzbereiche Schreiben und Sprechen

Bilder und Videos mit Beschreibungen auf eine virtuelle Pinnwand heften

Weblink: www.pinterest.com

Web-2.0-Aktivität

Die Schülerinnen und Schüler heften Bilder und Videos (Pins) auf eine virtuelle Pinnwand und fügen Beschreibungen hinzu. Auf diese Weise entstehen Lernplakate, die vielfältige Sprechanlässe bieten.

Sozialform: Einzel-, Partner- oder Gruppenarbeit

Lernprozess: Die Schülerinnen und Schüler machen Notizen, stellen Informationen zusammen und präsentieren diese mündlich. Auf diese Weise trainieren sie den Wortschatz und das zusammenhängende Sprechen.

Präsentation der Lernprodukte: Die gesammelten Pins werden über Beamer o. ä. präsentiert und mündlich vorgestellt. Änderungen können direkt vorgenommen werden (etwa Fehler in Grammatik oder Wortschatz).

Medien: Beamer/Whiteboard

Tipp: Über die Funktion „Gruppenpinnwand“ können die Schülerinnen und Schüler gemeinsam eine virtuelle Pinnwand erstellen.

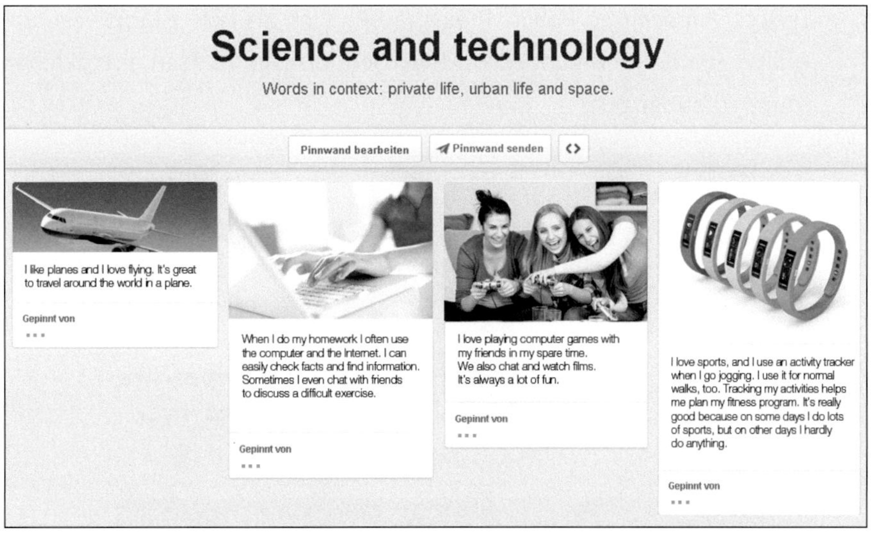

Virtuelle Pins zum Thema „Science and technology“ (Go Ahead 9, Unit 3)

Verweis: Anleitung für Schülerinnen und Schüler: So erstelle ich eine virtuelle Pinnwand mit Pinterest, KV 35, S. 51

Anleitung für Lehrerinnen und Lehrer: Prezi im Unterricht einsetzen

Prezi

Kompetenzbereiche Schreiben und Sprechen

Dynamische Präsentationen mit Text, Bild und Video erstellen

Weblink www.prezi.com

Web-2.0-Aktivität

Die Schülerinnen und Schüler erstellen dynamische Präsentationen aus Text, Bildern und Videos. Auf diese Weise präsentieren sie Themengebiete aus dem Lehrwerk in einem größeren Zusammenhang.

Sozialform Einzel-, Partner- oder Gruppenarbeit

Lernprozess Die Schülerinnen und Schüler bearbeiten ein Thema und bringen (animierte) Bilder mit geschriebenem Text zusammen. Sie präsentieren ihre Ergebnisse mündlich. Auf diese Weise trainieren sie den Wortschatz, das Schreiben und das zusammenhängende Sprechen.

Präsentation der Lernprodukte Die Prezis werden über Beamer o. ä. präsentiert und mündlich vorgestellt. Änderungen können direkt vorgenommen werden (etwa Fehler in Grammatik oder Wortschatz).

Medien Beamer/Whiteboard

Hinweis Mit der kostenlosen Basisversion für Schülerinnen und Schüler *(Edu Enjoy)* können Präsentationen bis 500 MB gespeichert werden. Die Erstellung und Bearbeitung erfolgt online. Im Privatbereich können folgende Einstellungen für die Prezis gewählt werden: *Private, Hidden* und *Public*. Prezis lassen sich als PDF exportieren und können dann offline genutzt und ausgedruckt werden, um sie ins Heft einzukleben oder im Klassenraum aufzuhängen.

Prezi zum Thema „One year abroad“

Verweis Anleitung für Schülerinnen und Schüler: So erstelle ich eine Präsentation mit Prezi, KV36, S. 53

Feedback auf Web-2.0-Aufgaben

Die Schülerinnen und Schüler präsentieren ihre Web-2.0-Produkte der Lerngruppe und der Lehrkraft. Anschließend gibt zunächst die Lerngruppe den vortragenden Schülerinnen und Schülern ein Feedback, und zwar zu **Sprache**, **Thema**, **Gestaltung des Vortrags** und **Verwendung von Web 2.0**. Die Lehrkraft bewertet ebenfalls die Präsentation und gibt ihre Einschätzung nach dem Feedback der Lernenden ab. Abschließend können die Schülerinnen und Schüler ihre Leistung selbst beurteilen.

Name(n) ______________________________

Thema ______________________________

Web-2.0-Dienst ☐ Popplet ☐ VoiceThread ☐ Voki ☐ Voxopop ☐ Wordle ☐ Pinterest
(Zutreffendes ankreuzen)

Aufgabe zu Unit ______________

Sprache

Aussprache	☐ nahezu fehlerfrei	☐ Fehler, die das Verständnis nicht einschränken	☐ viele Fehler, die das Verständnis einschränken
Sprachfluss	☐ flüssig	☐ zum Teil stockend	☐ abbrechend, unverständlich
Vokabular	☐ Vokabular richtig verwendet	☐ Vokabular zum Teil fehlerhaft, aber Inhalt verständlich	☐ Vokabular nicht richtig, viele deutsche Wörter
Grammatik	☐ Grammatik richtig verwendet	☐ Grammatik zum Teil fehlerhaft, aber Inhalt verständlich	☐ viele grammatische Fehler, die das Verständnis einschränken

Inhalt

Aufgabenstellung	☐ alle Aspekte der Aufgabenstellung beachtet	☐ einige Aspekte der Aufgabenstellung vergessen	☐ Aufgabenstellung nicht beachtet
Thema	☐ Thema umfassend behandelt	☐ Thema zum Teil, aber ausreichend zum Verständnis behandelt	☐ Thema zu wenig behandelt, viele offene Fragen
Struktur	☐ sehr gut strukturierter Inhalt, klarer roter Faden erkennbar	☐ gut strukturierter Inhalt mit zum Teil fehlenden fließenden Übergängen	☐ keine inhaltliche Struktur erkennbar

Gestaltung des Vortrags

Tempo	☐ angemessenes Tempo	☐ schwankendes Tempo, aber Verständnis gegeben	☐ durchgängig zu schnelles oder zu langsames Tempo
Lebendigkeit	☐ lebendiger Vortrag, der die Aufmerksamkeit der Zuhörenden erlangt	☐ teilweise lebendiger Vortrag, der meist die Aufmerksamkeit der Zuhörenden erlangt	☐ monotoner Vortrag, der die Aufmerksamkeit der Zuhörenden nicht erlangt

Verwendung von Web 2.0

Bildqualität (Popplet, VoiceThread, Voxopop, Pinterest)	☐ Bilder gut zu erkennen	☐ einige der Bilder nicht gut zu erkennen	☐ Bilder nicht zu erkennen
Verwendung von Avatar (Voki) **und Bildern** (Popplet, VoiceThread, Pinterest)	☐ Avatar/Hintergrund oder Bilder passend zum Thema	☐ Avatar/Hintergrund oder Bilder zum Teil passend zum Thema	☐ Avatar/Hintergrund gar nicht passend zum Thema
Audioqualität (VoiceThread, Voki, Voxopop, Pinterest)	☐ sehr gute Qualität der Sprachaufnahme	☐ ausreichende Qualität der Sprachaufnahme mit wenigen undeutlichen Passagen, die das Verständnis nicht beeinträchtigen	☐ keine zum Verständnis ausreichende Qualität der Sprachaufnahme
Textqualität/ Layout (Popplet, Wordle, Pinterest)	☐ durch gewählte Schriftgröße und -farbe Text erkennbar und gut lesbar	☐ ausreichende Qualität der Schriftgröße und -farbe mit wenigen undeutlichen Textabschnitten, die das Verständnis nicht beeinträchtigen	☐ keine zum Verständnis ausreichende Qualität der Schriftgröße und -farbe

Verweis Anleitung für Schülerinnen und Schüler: Feedback auf Web-2.0-Aufgaben, KV 37, S. 55

Allgemeine Hinweise zur Registrierung bei Web-2.0-Diensten

Viele Web-2.0-Dienste verlangen eine Registrierung der Nutzer. Zum Schutz der Privatsphäre und der persönlichen Daten im Internet solltest du dich an die folgenden Regeln für den Umgang mit Benutzernamen und Passwörtern sowie der Gestaltung deines Internetprofils halten:

- Melde dich mit einem Pseudonym an. Gib auch nicht die wirklichen Namen anderer Personen aus der Schule oder deinem Privatleben an.
- Verwende bei der Anmeldung keine E-Mail-Adresse, die auf deine Identität hinweist.
- Gib keine Passwörter weiter.
- Verzichte bei der Gestaltung deines Profils auf Einträge und Hinweise, die dich identifizierbar machen (z. B. kein Foto von dir, deinen Mitschülern, Freunden, Lehrern oder deiner Familie; keine Angaben zu Adresse, Handynummer, Geburtsdatum).
- Achte bei der Nutzung von Bildern, Audiodateien oder Videos darauf, dass das Material zur Wiederverwendung gekennzeichnet und lizenzfrei ist. Dies lässt sich beispielsweise an einer Creative-Commons-Lizenz (CC) erkennen (mehr Informationen unter: de.creativecommons.org) oder an dem Hinweis „zur Wiederverwendung gekennzeichnet". Lizenzfreies Material bietet die Website Wikimedia Commons (http://commons.wikimedia.org/wiki/Hauptseite) an. Inhalte, die von anderen übernommen werden, solltest du als solche kennzeichnen, etwa als Zitat mit Quellenangaben.
- Viele Web-2.0-Dienste blenden Werbung ein. Klicke diese Angebote nicht an.

Checkliste zur Registrierung bei Web-2.0-Diensten

Diese Liste kannst du bei der Bearbeitung von Web-2.0-Aufgaben nutzen. Wenn du allen Aussagen mit einem Kreuz zustimmst, hast du dich an die Grundregeln gehalten.

Schütze deine Privatsphäre!

☐ Ich habe mich mit einem Pseudonym angemeldet (ich habe keine wirklichen Namen anderer Personen aus der Schule oder meinem Privatleben angegeben).

☐ Ich habe bei der Anmeldung keine E-Mail-Adresse verwendet, die auf meine Identität hinweist.

☐ Ich habe bei der Gestaltung meines Profils auf Einträge und Hinweise verzichtet, die mich identifizierbar machen (z. B. kein Foto von mir, meinen Mitschülern, Freunden, Lehrern oder meiner Familie; keine Angaben zu Adresse, Handynummer, Geburtsdatum).

☐ Bei der Einstellung der Sichtbarkeit meiner Aufgaben habe ich mich an die Vorgaben meines Lehrers / meiner Lehrerin gehalten (privat, halb privat oder öffentlich).

Verwende urheberrechtlich unbedenkliches Material!

☐ Ich habe nur Bilder, Audiodateien oder Videos genutzt, die zur Wiederverwendung gekennzeichnet und lizenzfrei sind oder die ich als Urheber erstellt habe.

☐ Ich habe von anderen übernommene Inhalte gekennzeichnet, etwa als Zitat mit Quellenangaben.

Achte auf die Qualität deiner Web-2.0-Aufgaben!

☐ Bei eigenen Audioaufnahmen: Ich habe meine Aufnahmen überprüft und die Qualität ist gut.

☐ Bei Bildern: Ich habe die von mir verwendeten Bilder genau angeschaut und ihre Qualität ist gut.

☐ Bei schriftlichem Text: Ich habe Schriftgröße und -farbe so gewählt, dass der Text gut lesbar ist.

Web-2.0-Aufgabe mit Voxopop – mündlich

Voxopop ist ein Audioforum, in dem ihr euch mündlich austauschen könnt. Diskutiert auf Voxopop über eure Pläne für das Wochenende. Arbeitet in Gruppen. Jedes Gruppenmitglied erstellt einen Beitrag mit Vorschlägen für das Wochenende und reagiert auf mindestens zwei Beiträge (Vorschläge) der Gruppenmitglieder.

Discuss where you want to go and what you want to do at the weekend.
Think about some …

- *places: cinema, disco, sports centre, theatre, …*
- *activities: see a film, go dancing, listen to music, watch TV, relax, play football, …*

© Laurent Lalo

1 *Use* so, neither *and* nor.
2 *Use conditional sentences type 1* (If … *simple present*, … will/can + *infinitive* …) *and type 2* (If … *simple past*, … would/might/could + *infinitive* …).

Verweise – Nützliche Ausdrücke findet ihr in Unit 1 (S. 6–9) sowie im Wörterverzeichnis der Unit.
– Anleitung für Schülerinnen und Schüler: So diskutiere ich mit Voxopop, KV 33
– Hinweise und Checkliste zur Registrierung im Web 2.0, KV 1

Web-2.0-Aufgabe mit Wordle – schriftlich und mündlich

Mit **Wordle** kannst du Wortwolken gestalten. Sie eignen sich zur Illustration von Wortschatz zu einem bestimmten Themengebiet und zum Sammeln von Ideen (ähnlich einer Mindmap). Auf diese Weise kannst du Vokabeln bessern lernen.

Choose one of the following topics, make a Wordle and present it to the class.
1 *Meeting friends*
2 *Going on an excursion*
3 *Going to the cinema / the theatre / a concert*

Verweise – Nützliche Ausdrücke findest du in Unit 1 (S. 8–11) sowie im Wörterverzeichnis der Unit.
– Anleitung für Schülerinnen und Schüler: So erstelle ich ein Wordle, KV 34

© Laurent Lalo

Web-2.0-Aufgabe mit Popplet – schriftlich und mündlich

Mit **Popplet** kannst du Bilder und Texte in einem Poster kombinieren. Auf diese Weise lässt sich ein Fotoroman gestalten.

Work with a partner: make a picture story about a weekend with friends using Popplet and present it to the class. Write about …

1 *the activities.*
2 *what was fun / what was boring.*

Use so, neither *and* nor.

Verweise
- Nützliche Ausdrücke findet ihr in Unit 1 (S. 6/7) sowie im Wörterverzeichnis der Unit.
- Anleitung für Schülerinnen und Schüler: So erstelle ich ein Popplet, KV 30
- Hinweise und Checkliste zur Registrierung im Web 2.0, KV 1

© Laurent Lalo

Web-2.0-Aufgabe mit Wordle – schriftlich und mündlich

Mit **Wordle** kannst du Wortwolken gestalten. Sie eignen sich zur Illustration von Wortschatz zu einem bestimmten Themengebiet und zum Sammeln von Ideen (ähnlich einer Mindmap). Auf diese Weise kannst du Vokabeln besser lernen.

Which words belong to the word field careers? *Collect as many words as you can.*
Think about the following aspects to make a Wordle and present it to the class.

1 *School*
2 *Career plans*
3 *Qualifications and job training*
4 *Living and working abroad*
5 *Further plans for the future*

© Laurent Lalo

Verweise
- Nützliche Ausdrücke findest du in Unit 2 (S. 22–25) sowie im Wörterverzeichnis der Unit.
- Anleitung für Schülerinnen und Schüler: So erstelle ich ein Wordle, KV 34

Web-2.0-Aufgabe mit Voki – mündlich

Mit **Voki** kannst du animierten Figuren deine Stimme verleihen. Such dir eine Figur aus und berichte aus ihrer Perspektive über ihre Karrierepläne. Dein gesprochener Beitrag kann bis zu 60 Sekunden lang sein.

Think about the following aspects, create a character and talk about his/her career plans using Voki. Present it to the class.

1 *School activities*
2 *Likes and dislikes*
3 *Dream job*
4 *Plans for the future*

© Laurent Lalo

Verweise
- Nützliche Ausdrücke findest du in Unit 2 (S. 22–25) sowie im Wörterverzeichnis der Unit.
- Anleitung für Schülerinnen und Schüler: So erstelle ich ein Voki, KV 32
- Hinweise und Checkliste zur Registrierung im Web 2.0, KV 1

Web-2.0-Aufgabe mit Voxopop – mündlich

Voxopop ist ein Audioforum, in dem ihr euch mündlich austauschen könnt. Nutzt Voxopop, um die indirekte Rede zu üben. Arbeitet in Gruppen. Jedes Gruppenmitglied erstellt zunächst einen Beitrag in direkter Rede, in dem es über persönliche Karrierepläne berichtet. Anschließend hört sich jedes Gruppenmitglied einen (anderen) Beitrag aus der Gruppe an und berichtet in indirekter Rede über die gehörten Karrierepläne. Dieser Bericht in der indirekten Rede wird ebenfalls in das Audioforum eingestellt.

Think about the following aspects and talk about your career plans in direct speech. Then listen to another person's plans and talk about them using reported speech.

1 *School activities*
2 *Likes and dislikes*
3 *Dream job*
4 *Plans for the future*

© Laurent Lalo

Verweise
- Nützliche Ausdrücke findet ihr in Unit 2 (S. 22–29) sowie im Wörterverzeichnis der Unit.
- Anleitung für Schülerinnen und Schuler: So diskutiere ich in Voxopop, KV 33
- Hinweise und Checkliste zur Registrierung im Web 2.0, KV 1

Go Ahead 9 | Unit 2 – Prezi KV 8

Web-2.0-Aufgabe mit Prezi – schriftlich und mündlich

Mit **Prezi** kannst du dynamische Präsentationen mit Text, Bildern und Videos erstellen. Präsentiere mit Prezi deine Zukunftspläne der Klasse.

What are your plans for the future? Present them to the class and talk about the following aspects:

1 *Education and qualifications*
2 *Interests and hobbies*
3 *Dream job and career plans*
4 *Personal plans for the future*

Verweise
- Nützliche Ausdrücke findest du in Unit 2 (S. 22–29) sowie im Wörterverzeichnis der Unit.
- Anleitung für Schülerinnen und Schüler: So erstelle ich eine Präsentation mit Prezi, KV 36
- Hinweise und Checkliste zur Registrierung im Web 2.0, KV 1

© Laurent Lalo

Go Ahead 9 | Unit 3 – Pinterest KV 9

Web-2.0-Aufgabe mit Pinterest – schriftlich und mündlich

Mit **Pinterest** könnt ihr Bilder von Internetseiten und eurem Computer auf einer Pinnwand sammeln und schriftlich kommentieren.

Work with a partner and collect Pins about science and technology. *Find pictures and texts about the following topics and present them to the class.*

1 *Science and technology at home*
2 *Science and technology in public places*
3 *Science and technology in space*
4 *Science and technology in 20 years' time*

Verweise
- Nützliche Ausdrücke findet ihr in Unit 3 (S. 37) sowie im Wörterverzeichnis der Unit.
- Anleitung für Schülerinnen und Schüler: So erstelle ich eine virtuelle Pinnwand mit Pinterest, KV 35
- Hinweise und Checkliste zur Registrierung im Web 2.0, KV 1

© Laurent Lalo

Web-2.0-Aufgabe mit VoiceThread – mündlich

Mithilfe von **VoiceThread** könnt ihr gemeinsam Bilder beschreiben und kommentieren. Arbeitet in Gruppen und sucht im Internet Fotos von technischen Gegenständen, die für euch wichtig sind. Jedes Gruppenmitglied nimmt mindestens drei mündliche Kommentare auf.

Work in groups: search the internet for pictures of technical equipment from the following areas that are important for you. Use VoiceThread to collect these pictures and describe the things.
Say why they are important for you.

1 *Housework and spare time*
2 *Transport*
3 *Communication and the internet*

Verweise
- Nützliche Ausdrücke findet ihr im Wörterverzeichnis der Unit 3.
- Anleitung für Schülerinnen und Schüler: So erstelle ich ein VoiceThread, KV 31
- Hinweise und Checkliste zur Registrierung im Web 2.0, KV 1

© Laurent Lalo

Web-2.0-Aufgabe mit Voki – mündlich

Mit **Voki** kannst du animierten Figuren deine Stimme verleihen und somit in eine andere Rolle schlüpfen. Stell dir vor, dass du zum ersten Mal auf der Erde bist und noch nie Gegenstände wie Fernseher, Autos, Computer, Waschmaschinen etc. gesehen hast. Dein gesprochener Beitrag kann bis zu 60 Sekunden lang sein.

Choose an object to talk about. Then create a character using Voki and present it to the class.

1 *Describe the object and where you can use it.*
2 *Explain how to use the object.*
3 *Talk about advantages and negative effects.*

Verweise
- Nützliche Ausdrücke findest du im Wörterverzeichnis der Unit 3.
- Anleitung für Schülerinnen und Schüler: So erstelle ich ein Voki, KV 32
- Hinweise und Checkliste zur Registrierung im Web 2.0, KV 1

© Laurent Lalo

Web-2.0-Aufgabe mit Prezi – schriftlich und mündlich

Mit **Prezi** könnt ihr dynamische Präsentationen mit Text, Bildern und Videos erstellen.

Work in groups: make a presentation about the internet. Give information about the following aspects and present them to the class.

1 *Social networks and communication*
2 *Spare time and work*
3 *Dangers and opportunities*

Verweise
- Nützliche Ausdrücke findet ihr im Wörterverzeichnis der Unit 3.
- Anleitung für Schülerinnen und Schüler: So erstelle ich ein Präsentation mit Prezi, KV 36
- Hinweise und Checkliste zur Registrierung im Web 2.0, KV 1

© Laurent Lalo

Web-2.0-Aufgabe mit Wordle – schriftlich und mündlich

Mit **Wordle** kannst Du Wortwolken gestalten. Sie eignen sich zur Illustration von Wortschatz zu einem bestimmten Themengebiet und zum Sammeln von Ideen (ähnlich einer Mindmap). Auf diese Weise kannst du Vokabeln besser lernen.

Now and then – what do know about the history, culture and geography of India, Jamaica and South Africa? Make a Wordle and present it to the class.

Verweise
- Nützliche Ausdrücke findest du in Unit 4 (S. 53–67) sowie im Wörterverzeichnis der Unit.
- Anleitung für Schülerinnen und Schüler: So erstelle ich ein Wordle, KV 34

© Laurent Lalo

Web-2.0-Aufgabe mit Pinterest – schriftlich und mündlich

Mit **Pinterest** könnt ihr Bilder von Internetseiten und eurem Computer auf einer Pinnwand sammeln und schriftlich kommentieren.

Work in groups and collect Pins about Britain and the world. *Find pictures and texts about the following topics and present them to the class.*

1 *India, South Africa, Jamaica and the Caribbean*
2 *Past and present*
3 *Famous people*

Verweise
- Nützliche Ausdrücke findet ihr in Unit 4 (S. 53–67) sowie im Wörterverzeichnis der Unit.
- Anleitung für Schülerinnen und Schüler: So erstelle ich eine virtuelle Pinnwand mit Pinterest, KV 35
- Hinweise und Checkliste zur Registrierung im Web 2.0, KV 1

© Laurent Lalo

Web-2.0-Aufgabe mit VoiceThread – mündlich

Mithilfe von **VoiceThread** kannst du Bilder beschreiben und kommentieren. Suche im Internet Fotos von Personen, Ländern oder Szenen, die du mit der Geschichte und Gegenwart Indiens verbindest.

Search the internet for pictures of India. Is it a picture of the past or present? Use VoiceThread to collect the pictures and describe them. Also visit your classmates' VoiceThreads and describe three of their pictures. Use the to-infinitive (verb + to-infinitive; verb + object + to-infinitive) and the ing-form (verb + ing-form).

Verweise
- Nützliche Ausdrücke findest du in Unit 4 (S. 54–59) sowie im Wörterverzeichnis der Unit.
- Anleitung für Schülerinnen und Schüler: So erstelle ich ein VoiceThread, KV 31
- Hinweise und Checkliste zur Registrierung im Web 2.0, KV 1

© Laurent Lalo

Web-2.0-Aufgabe mit Pinterest – schriftlich und mündlich

Mit **Pinterest** könnt ihr Bilder von Internetseiten und eurem Computer auf einer Pinnwand sammeln und schriftlich kommentieren.

Work with a partner and collect Pins about Australia. *Find pictures and texts about the following topics and present them to the class.*

1 *Cities and the countryside*
2 *People*
3 *History and culture*
4 *Politics*

© Laurent Lalo

Verweise
– Nützliche Ausdrücke findet ihr in Unit 1 (S. 5–10) sowie im Wörterverzeichnis der Unit.
– Anleitung für Schülerinnen und Schüler: So erstelle ich eine virtuelle Pinnwand mit Pinterest, KV 35
– Hinweise und Checkliste zur Registrierung im Web 2.0, KV 1

Web-2.0-Aufgabe mit VoiceThread – mündlich

Mithilfe von **VoiceThread** könnt ihr gemeinsam Bilder beschreiben und kommentieren. Arbeitet in Gruppen und plant eine Reise nach Australien. Sucht dazu im Internet Fotos. Jedes Gruppenmitglied nimmt mindestens drei mündliche Kommentare auf.

Work in groups: you are planning a holiday in Australia. Search the internet for pictures of places you would like to visit and things you would like to do there. Use VoiceThread to collect these pictures and talk about your plans. Think about these aspects:

- *Adventures*
- *Sights and famous places*
- *Spare-time activities*
- *Food, hotels and travel*

Verweise
– Nützliche Ausdrücke findet ihr in Unit 1 (S. 5–10) sowie im Wörterverzeichnis der Unit.
– Anleitung für Schülerinnen und Schüler: So erstelle ich ein VoiceThread, KV 31
– Hinweise und Checkliste zur Registrierung im Web 2.0, KV 1

© Laurent Lalo

Go Ahead 10 | Unit 1 – Wordle **KV 18**

Web-2.0-Aufgabe mit Wordle – schriftlich und mündlich

Mit **Wordle** kannst du Wortwolken gestalten. Sie eignen sich zur Illustration von Wortschatz zu einem bestimmten Themengebiet und zum Sammeln von Ideen (ähnlich einer Mindmap). Auf diese Weise kannst du Vokabeln besser lernen.

Australia and New Zealand: choose one of the following topics, make a Wordle and present it to the class.

1 *Nature and animals*
2 *Aborigines and Maoris*
3 *Sports*

Verweise
- Nützliche Ausdrücke findest du in Unit 1 (S. 5–9, 12–16) sowie im Wörterverzeichnis der Unit.
- Anleitung für Schülerinnen und Schüler : So erstelle ich ein Wordle, KV 34

© Laurent Lalo

Go Ahead 10 | Unit 1 – Prezi **KV 19**

Web-2.0-Aufgabe mit Prezi – schriftlich und mündlich

Mit **Prezi** kannst du dynamische Präsentationen mit Text, Bildern und Videos erstellen.

You want to go to Australia for one year. Make a presentation about what will be different from living in Germany. Talk about the following aspects and present them to the class.

1 *Places and people*
2 *Sports and spare-time activities*
3 *Nature and wildlife*

Verweise
- Nützliche Ausdrücke findest du in Unit 1 (S. 5–11) sowie im Wörterverzeichnis der Unit.
- Anleitung für Schülerinnen und Schüler: So erstelle ich eine Präsentation mit Prezi, KV 36
- Hinweise und Checkliste zur Registrierung im Web 2.0, KV 1

© Laurent Lalo

Web-2.0-Aufgabe mit Voki – mündlich

Mit **Voki** kannst du animierten Figuren deine Stimme verleihen und somit in eine andere Rolle schlüpfen. Dein gesprochener Beitrag kann bis zu 60 Sekunden lang sein.

Imagine you are living in the 23rd century. Life on earth has changed completely, but what will it be like? Create a character and talk about the following aspects using Voki. Present it to the class.

1 *Scientific developments*
2 *Transport and space*
3 *Food*
4 *Environment*
5 *Spare time*
6 *Communication and the media*

© Laurent Lalo

Verweise
- Nützliche Ausdrücke findest du in Unit 2 (S. 21–23, 27–29) sowie im Wörterverzeichnis der Unit.
- Anleitung für Schülerinnen und Schüler: So erstelle ich ein Voki, KV 32
- Hinweise und Checkliste zur Registrierung im Web 2.0, KV 1

Web-2.0-Aufgabe mit Popplet – schriftlich und mündlich

Mit **Popplet** kannst du Bilder und Texte in einem Poster kombinieren.

Work with a partner and make a poster about one of the following topics. Present your Popplet to the class.

1 *Global warming and the rainforest*
2 *Globalization*
3 *Hi-tech kids*

Verweise
- Nützliche Ausdrücke findest du in Unit 2 (S. 24/25, 28/29) sowie im Wörterverzeichnis der Unit.
- Anleitung für Schülerinnen und Schüler: So erstelle ich ein Popplet, KV 30
- Hinweise und Checkliste zur Registrierung im Web 2.0, KV 1

© Laurent Lalo

© 2014 Cornelsen Schulverlage GmbH, Berlin

Web-2.0-Aufgabe mit Voxopop – mündlich

Voxopop ist ein Audioforum, in dem ihr euch mündlich austauschen könnt. Ein Reisebüro bietet ab sofort Urlaubsreisen in den Weltraum an. Jedes Gruppenmitglied erstellt einen Beitrag und reagiert auf mindestens zwei Beiträge der Gruppenmitglieder.

Work in groups and discuss: what do you think about space tourism?

1 *Collect arguments for and against space tourism.*
2 *Express your opinion.*
3 *Agree/disagree with other opinions.*

Verweise
- Nützliche Ausdrücke findet ihr im Wörterverzeichnis der Unit 2.
- Anleitung für Schülerinnen und Schüler: So diskutiere ich mit Voxopop, KV 33
- Hinweise und Checkliste zur Registrierung im Web 2.0, KV 1

© Laurent Lalo

Web-2.0-Aufgabe mit Prezi – schriftlich und mündlich

Mit **Prezi** könnt ihr dynamische Präsentationen mit Text, Bildern und Videos erstellen.

Work in groups: make a presentation about life on earth in the future. Use texts, pictures and videos to talk about the following topics to the class.

1 *The environment*
2 *Scientific developments*
3 *City and country*
4 *The world population*

Verweise
- Nützliche Ausdrücke findet ihr in Unit 2 (S. 21–31) sowie im Wörterverzeichnis der Unit.
- Anleitung für Schülerinnen und Schüler: So erstelle ich ein Präsentation mit Prezi, KV 36
- Hinweise und Checkliste zur Registrierung im Web 2.0, KV 1

© Laurent Lalo

Web-2.0-Aufgabe mit Wordle – schriftlich und mündlich

Mit **Wordle** kannst du Wortwolken gestalten. Sie eignen sich zur Illustration von Wortschatz zu einem bestimmten Themengebiet und zum Sammeln von Ideen (ähnlich einer Mindmap). Auf diese Weise kannst du Vokabeln besser lernen.

Which words belong to the word field youth culture? *Collect as many words as you can.*
Think about the following aspects to make a Wordle and present it to the class.

1 *Music*
2 *Fashion*
3 *Hobbies and interests*
4 *Attitudes*
5 *Youth cultures in the past*

© Laurent Lalo

Verweise
- Nützliche Ausdrücke findest du in Unit 3 (S. 37–41, 50/51) sowie im Wörterverzeichnis der Unit.
- Anleitung für Schülerinnen und Schüler: So erstelle ich ein Wordle, KV 34

Web-2.0-Aufgabe mit Pinterest – schriftlich und mündlich

Mit **Pinterest** könnt ihr Bilder von Internetseiten und eurem Computer auf einer Pinnwand sammeln und schriftlich kommentieren.

Work with a partner and collect pictures and texts about one of the following topics.
Present your Pins to the class.

1 *Heroes and stars*
2 *Fashion*
3 *Friendships and relationships*
4 *Compare teenage life in Germany with teenage life in other countries.*

Verweise
- Nützliche Ausdrücke findet ihr in Unit 3 (S. 37–42) sowie im Wörterverzeichnis der Unit.
- Anleitung für Schülerinnen und Schüler: So erstelle ich eine virtuelle Pinnwand mit Pinterest, KV 35
- Hinweise und Checkliste zur Registrierung im Web 2.0, KV 1

© Laurent Lalo

Web-2.0-Aufgabe mit Voki – mündlich

Mit **Voki** kannst du animierten Figuren deine Stimme verleihen. Dein gesprochener Beitrag kann bis zu 60 Sekunden lang sein.

Choose a youth culture from the past or present. Create a character and talk about the following aspects using Voki. Present it to the class.

1 *Attitudes and heroes*
2 *Music and stars*
3 *Fashion*

Verweise
- Nützliche Ausdrücke findest du im Wörterverzeichnis der Unit 3.
- Anleitung für Schülerinnen und Schüler: So erstelle ich ein Voki, KV 32
- Hinweise und Checkliste zur Registrierung im Web 2.0, KV 1

© Laurent Lalo

Web-2.0-Aufgabe mit VoiceThread – mündlich

Mithilfe von **VoiceThread** könnt ihr gemeinsam Bilder beschreiben und kommentieren. Arbeitet in Gruppen. Stellt euch vor, dass ihr mit der Klasse in Kanada wart. Berichtet darüber und beschreibt eingestellte Fotos in VoiceThread. Jedes Gruppenmitglied nimmt mindestens drei mündliche Kommentare auf.

Work in groups: search the internet for pictures of places in Canada and activities you can do there. Now imagine you had been to Canada for three weeks. Use VoiceThread to collect these pictures and talk about the following aspects.

- *Adventures*
- *Sights and famous places*
- *Spare-time activities*
- *Country and people*
- *Food, hotels and travel*
- *Things to do in Toronto*

© Laurent Lalo

Verweise
- Nützliche Ausdrücke findet ihr in Unit 4 (S. 53–59) sowie im Wörterverzeichnis der Unit.
- Anleitung für Schülerinnen und Schüler: So erstelle ich ein VoiceThread, KV 31
- Hinweise und Checkliste zur Registrierung im Web 2.0, KV 1

Go Ahead 10 | Unit 4 – Popplet   KV 28

Web-2.0-Aufgabe mit Popplet – schriftlich und mündlich

Mit **Popplet** kannst du Bilder und Texte in einem Poster kombinieren.

Work with a partner and make a poster about Canada. Think about the following aspects and present your Popplet to the class.

1 *City and country*
2 *People*
3 *History and culture*
4 *Politics and economy*

Verweise
- Nützliche Ausdrücke findet ihr in Unit 4 (S. 53–59, 62–67) sowie im Wörterverzeichnis der Unit.
- Anleitung für Schülerinnen und Schüler: So erstelle ich ein Popplet, KV 30
- Hinweise und Checkliste zur Registrierung im Web 2.0, KV 1

© Laurent Lalo

Go Ahead | Unit 4 – Voxopop   KV 29

Web-2.0-Aufgabe mit Voxopop – mündlich

Voxopop ist ein Audioforum, in dem ihr euch mündlich austauschen könnt. Diskutiert auf Voxopop über um Kanada. Jedes Gruppenmitglied erstellt einen Beitrag und reagiert auf mindestens zwei Beiträge der Gruppenmitglieder.

Work in groups and discuss the following topics about Canada.

1 *The scenery*
2 *Inuit and Indian people*
3 *Canadian history and culture*
4 *Sports and activities*

Verweise
- Nützliche Ausdrücke findet ihr in Unit 4 (S. 53–67) sowie im Wörterverzeichnis der Unit.
- Anleitung für Schülerinnen und Schüler: So diskutiere ich in Voxopop, KV 33
- Hinweise und Checkliste zur Registrierung im Web 2.0, KV 1

© Laurent Lalo

Anleitung für Schülerinnen und Schüler: So erstelle ich ein Popplet

popplet

Für die Arbeit mit Popplet (http://popplet.com) ist eine Anmeldung erforderlich. Beachte hierbei die allgemeinen Hinweise zur Anmeldung bei Web-2.0-Diensten.

Verweis Hinweise und Checkliste zur Registrierung im Web 2.0, KV 1

1. Nachdem du dich bei Popplet registriert hast *(sign up!)*, logge dich mit deiner E-Mail-Adresse und deinem Passwort ein.

Einloggen bei Popplet mit E-Mail-Adresse und Passwort

2. Aktiviere den Button *make new popplet*, um ein neues Popplet zu erstellen.

Button zur Erstellung eines Popplet

3. Gib deinem Popplet zunächst einen Titel und wähle die Hintergrundfarbe. Bediene anschließend den Button *make it so!*

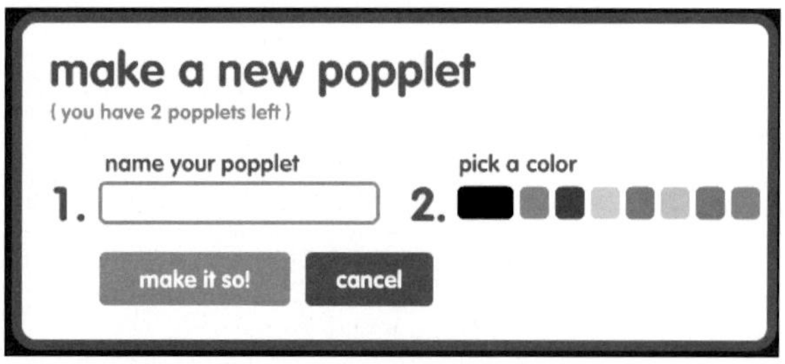

Titel eingeben und Hintergrundfarbe wählen

4. Klicke auf das Zahnrad und gehe im Ausklappmenü auf die Option *new popple*, um ein neues Feld *(popple)* zu erstellen.

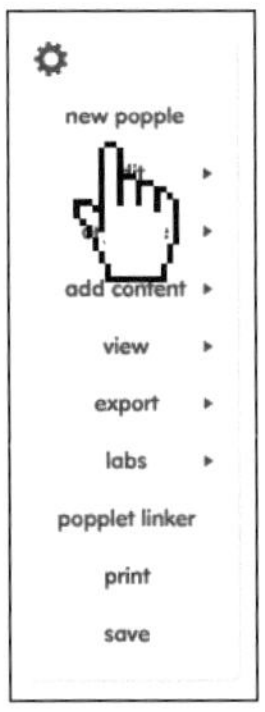

Ein neues Feld erstellen

5. Gestalte das Popplet. Du kannst Text eingeben, Bilder und Videos einfügen und mit einem Stift zeichnen. Zudem kannst du die Größe und die Farbe der Rahmen ändern.

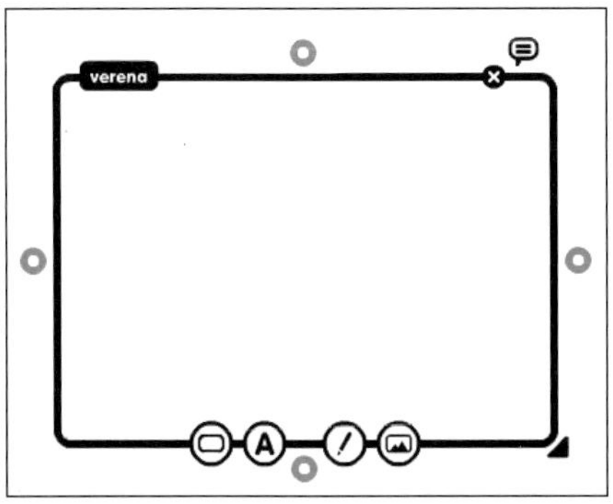

Gestaltung eines Popplet

6. Veröffentliche dein Popplet, indem du den Button *share* anklickst.

Das Popplet an Mitschüler und Lehrer weitergeben

7. Du kannst sowohl deine Mitschülerinnen und Mitschüler einladen, mit dir gemeinsam an dem Popplet zu arbeiten *(add collaborator)* als auch das Popplet weitergeben. Du kannst dein Popplet auf folgenden Wegen mit deiner Klasse und deinem Lehrer / deiner Lehrerin teilen: Binde das Popplet in deine Website ein, z. B. in eine Lernplattform oder einen Blog. Hierfür steht dir ein Code *(embed code)* zur Verfügung. Oder du gibst den Link zu deinem Popplet z. B. per E-Mail weiter. Zudem kannst du dein Popplet bei Facebook oder Twitter posten.

Möglichkeiten, um das Popplet an Mitschüler und Lehrer weiterzugeben

8. Deine Popplets werden gespeichert und du kannst sie jederzeit unter der Registerkarte *home* aufrufen, überarbeiten und speichern oder löschen.

Anleitung für Schülerinnen und Schüler: So erstelle ich ein VoiceThread

VOICETHREAD

Für die Arbeit mit VoiceThread (www.voicethread.com) ist eine Anmeldung erforderlich. Beachte hierbei die allgemeinen Hinweise zur Anmeldung bei Web-2.0-Diensten.

Verweis Hinweise und Checkliste zur Registrierung im Web 2.0, KV 1

1. Nachdem du dich bei VoiceThread registriert hast *(Register)*, logge dich mit deiner E-Mail-Adresse und deinem Passwort *(Sign in)* ein.

Einloggen bei VoiceThread

2. Wähle die Registerkarte *Create* aus, um ein VoiceThread zu erstellen.

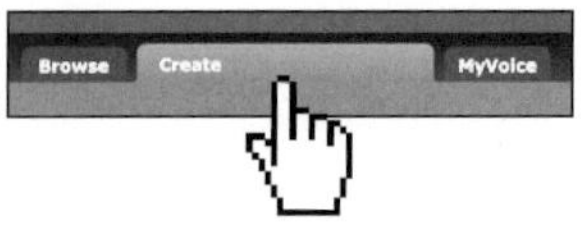

Registerkarte Create

3. Dann musst du folgende drei Schritte ausführen: a) *Upload*, b) *Comment*, c) *Share*.

a) Lade zunächst ein Bild oder ein Video hoch *(Upload)* oder nimm mit deiner Webcam ein Video auf *(My Webcam)*. Gib dann deinem VoiceThread einen Titel und eine Beschreibung *(Add a title and description)*.

b) Füge anschließend einen gesprochenen Kommentar hinzu *(Comment)*, indem du entweder einen Text direkt von der Website aus mit einem Mikrofon oder Headset aufzeichnest *(Record)* oder mit deiner Webcam aufnimmst *(Use your webcam to make a comment)*.

c) Du kannst dein VoiceThread anderen zugänglich machen *(Share)*, indem du einen Link weitergibst *(Get a Link)*. Deine VoiceThreads werden gespeichert und du kannst sie jederzeit aufrufen, um sie zu überarbeiten.

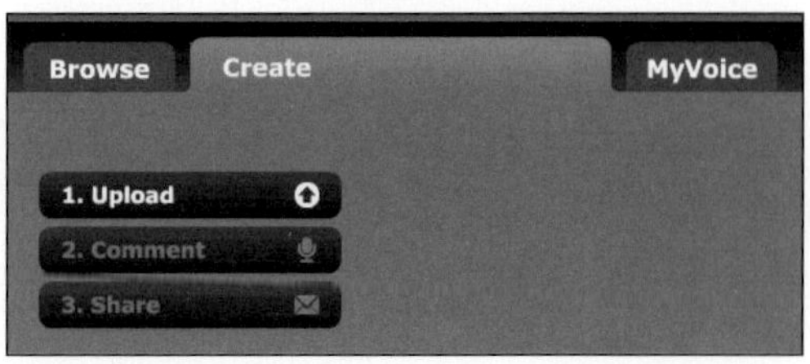

Drei Schritte zur Erstellung eines VoiceThread

Anleitung für Schülerinnen und Schüler: So erstelle ich ein Voki

Für die Arbeit mit Voki (www.voki.com) ist eine Anmeldung erforderlich. Beachte hierbei die allgemeinen Hinweise zur Anmeldung bei Web-2.0-Diensten.

Verweis Hinweise und Checkliste zur Registrierung im Web 2.0, KV 1

1. Nachdem du dich bei Voki registriert hast *(Register)*, logge dich mit deiner E-Mail-Adresse und deinem Passwort ein (*Login*).

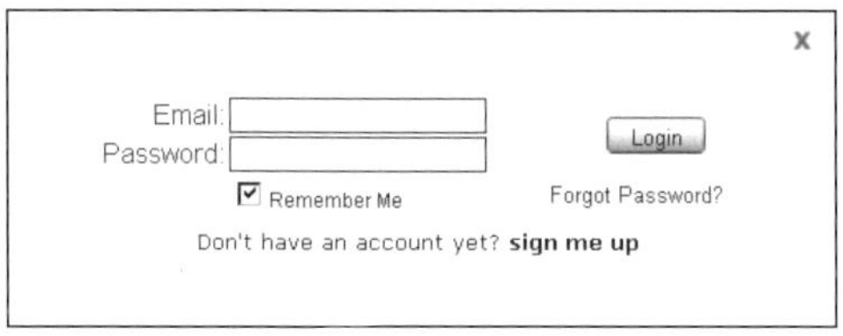

Einloggen bei Voki

2. Gehe zur Registerkarte *Create*, um dein Voki zu erstellen.

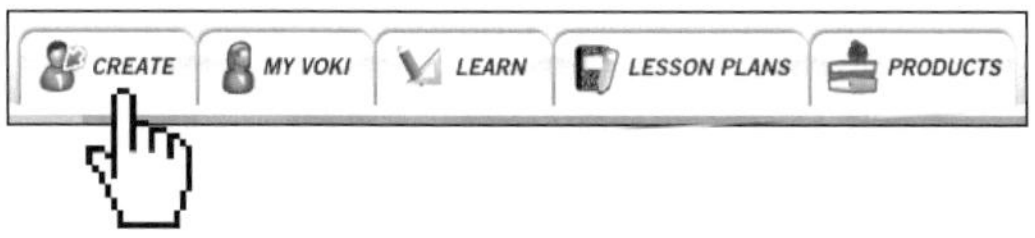

Registerkarte Create

3. In dem Arbeitsbereich *Create* gehst du schrittweise vor, um dein Voki zu erstellen.

a) Wähle zunächst einen Avatar aus und passe sein Aussehen deinen Vorstellungen an *(Customize Your Character)*.

b) Zur Aufnahme deiner Stimme schließe ein Mikrofon oder Headset an und sprich deinen Text auf *(Give It A Voice)*. Du kannst auch einen Text mit einem anderen Programm oder Gerät aufnehmen (z. B. mit deinem Handy) und die Datei anschließend hochladen. Du kannst den Text so oft aufnehmen, bis du mit dem Ergebnis zufrieden bist.

c) Wähle den Hintergrund aus, vor dem deine Figur sprechen soll *(Backgrounds)*, und bestimme das Design des Players *(Players)*.

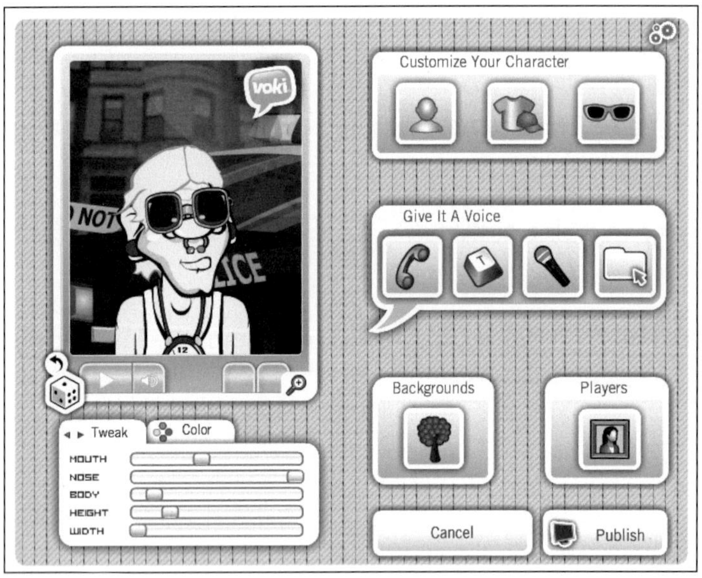

Menü zur Gestaltung eines Voki-Avatars

4. Veröffentliche dein Voki, indem du den Button *Publish* aktivierst. Gib einen Titel ein. Du kannst dein Voki auf folgenden Wegen an deine Klasse und deinen Lehrer / deine Lehrerin weitergeben: Binde das Voki in deine Website ein, z. B. in eine Lernplattform oder einen Blog. Hierfür stehen dir die Funktionen *Post to* und *Grab the code and place it on your webpage* zur Verfügung. Einen Link zu deinem Voki findest du unter *Copy this permalink*. Deine Vokis werden gespeichert und du kannst sie jederzeit unter der Registerkarte *My Voki* aufrufen, überarbeiten und speichern.

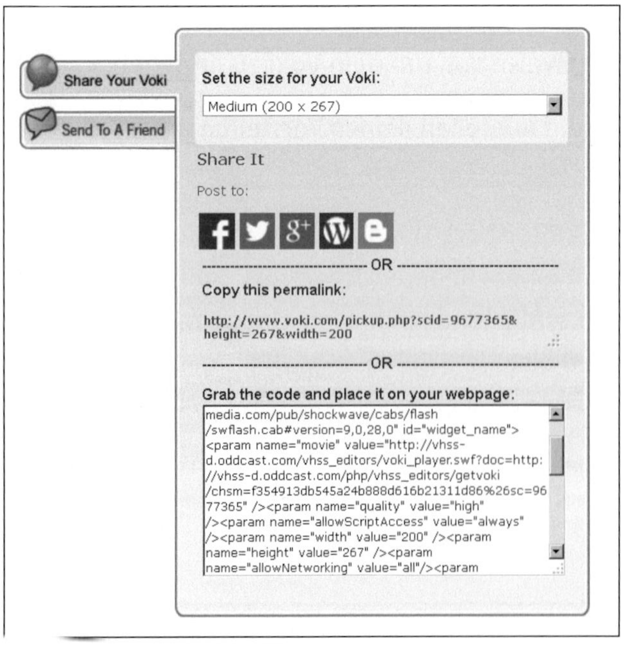

Menü zur Veröffentlichung der Vokis

Anleitung für Schülerinnen und Schüler: So diskutiere ich mit Voxopop

VOXOPOP

Für die Arbeit mit Voxopop (www.voxopop.com) ist eine Anmeldung erforderlich. Beachte hierbei die allgemeinen Hinweise zur Anmeldung bei Web-2.0-Diensten.

Verweis Hinweise und Checkliste zur Registrierung im Web 2.0, KV 1

1. Registriere dich zunächst bei Voxopop *(Sign up, join in!)*.

Registrierung bei Voxopop

2. Nachdem dein Lehrer / deine Lehrerin eine Gesprächsgruppe *(Talkgroup)* erstellt hat, wird er/sie dich per E-Mail einladen, an dieser Gruppe teilzunehmen. Überprüfe deine E-Mails nach einer Einladung und nimm diese an, indem du den Link *Visit this Talkgroup!* aktivierst.

Einladung für eine Gesprächsgruppe (Talkgroup) *per E-Mail*

3. Nachdem du den Link der Einladungs-E-Mail angeklickt hast, wirst du automatisch zu Voxopop weitergeleitet. Betätige den Button *Join this talkgroup*. Du wirst aufgefordert, dich bei Voxopop einzuloggen.

An einer Gesprächsgruppe (Talkgroup) *teilnehmen*

4. Klicke auf den Button *LOG IN* und logge dich bei Voxopop mit deinem Benutzernamen *(username)* und deinem Passwort *(password)* ein.

Einloggen bei Voxopop

5. Sprich einen Beitrag auf, indem du den Button *Record a message* aktivierst.

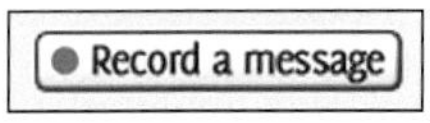

Aufnahmefunktion bei Voxopop

6. Nachdem sich ein neues Fenster geöffnet hat, kannst du nach Anklicken des Buttons *REC* ● deine Nachricht aufsprechen. Benutze hierfür ein Mikrofon oder ein Headset. Du kannst die Aufnahme beliebig oft neu starten, bis du mit dem Ergebnis zufrieden bist. Drücke dafür auf *Play* ▶. Unter *Message Options* kannst du auch einen schriftlichen Text eingeben. Wenn dir deine Nachricht gefällt, speichere sie über den Button *Save Message*.

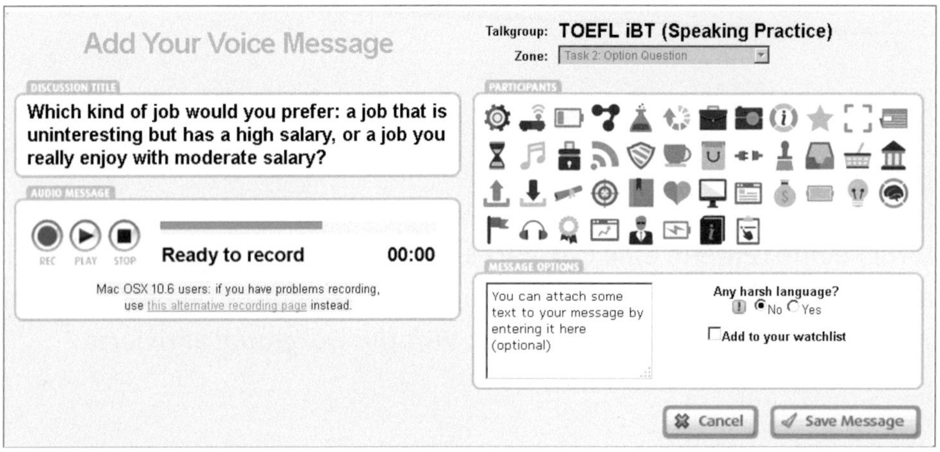

Aufnahme der Nachricht

7. Alle Mitglieder der *Talkgroup* können sich deinen Beitrag sowie die Nachrichten der anderen anhören und ihrerseits eine Nachricht hinterlassen. Die Beiträge werden chronologisch aufgelistet und sind somit für die Gruppenmitglieder sichtbar. Du kannst deine eigenen Beiträge löschen und jederzeit neue Beiträge aufnehmen.

Anleitung für Schülerinnen und Schüler: So erstelle ich ein Wordle

Der Web-2.0-Dienst Wordle (www.wordle.net) verlangt weder Registrierung noch Anmeldung. Nachdem du die Website aufgerufen hast, kannst du direkt ein Wordle erstellen.

1. Wähle die Registerkarte *Create*, um ein Wordle zu erstellen.

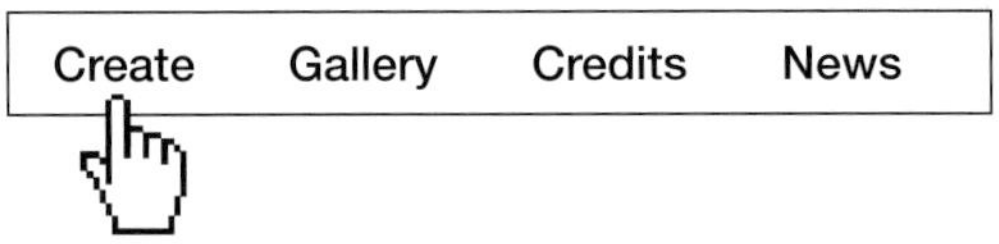

Registerkarte Create

2. Gib Wörter in das Textfeld ein *(Paste in a bunch of text)* und aktiviere anschließend den Button *Go*, um eine Wortwolke zu erzeugen. Die Wörter werden in der Wortwolke unterschiedlich groß nach der Häufigkeit ihrer Eingabe erscheinen. Häufiger eingegebene Wörter werden in der Wortwolke größer dargestellt als solche, die seltener eingetragen wurden. Wenn du bestimmte Wörter nicht trennen möchtest, so trage sie mit einem „geschütztes Leerzeichen" ein (bei Windows z. B. mithilfe der Zahleneingabe über den Ziffernblock mit der Kombination „Alt + 0160" – dabei die Alt-Taste gedrückt halten).

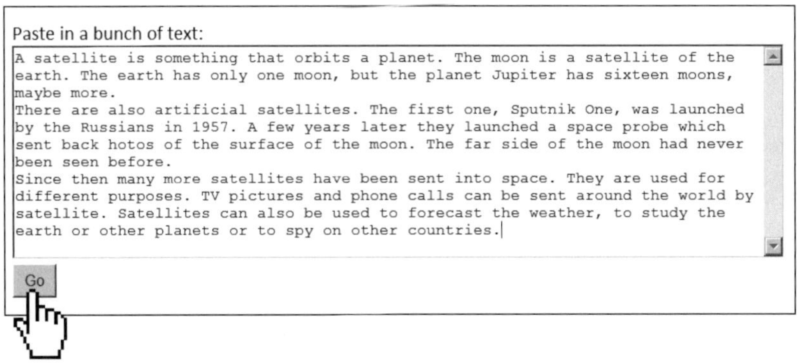

Textfeld zur Worteingabe

3. Nach der Texteingabe kannst du die Wortwolke gestalten. Hierfür stehen dir in der Menüleiste u. a. die Auswahlfelder a) *Language*, b) *Font*, c) *Layout* und d) *Color* zur Verfügung.

a) Unter *Language* kannst du das Erscheinen von Wörtern, die gewöhnlich häufig in einem Text vorkommen, z. B. Artikel *(the)*, Konjunktionen *(and, but, ...)* und Pronomen *(it, they, ...)*, unterdrücken *(Remove common English Words)*.

b) Die Schriftart änderst du unter dem Menüpunkt *Font*.

c) Die Anordnung sowie Ausrichtung der Wörter in der Wortwolke passt du unter *Layout* an.

d) Um die Schriftfarbe zu ändern, klicke auf *Color*.

Individuelle Anpassung eines Wordle über die Menüleiste und die Auswahlfelder Language, Font, Layout *und* Color

4. Zur Veröffentlichung deines Wordle stehen dir folgende Optionen zur Verfügung: Du kannst das Wordle entweder ausdrucken *(Print)* oder in einer öffentlichen Galerie speichern *(Save to public gallery)*. In der öffentlichen Galerie musst du deinem Wordle einen Titel geben *(Title)* und einen Autor eintragen *(Username)*. Denk daran, dass du an dieser Stelle keine persönlichen Informationen preisgibst, und überlege vor der Veröffentlichung eines Wordle, ob es persönliche oder vertrauliche Angaben enthält, die nicht für die Öffentlichkeit bestimmt sind. Sobald dein Wordle in der *public gallery* erscheint, erhältst du einen HTML-Code, den du in deine Website einbinden kannst.

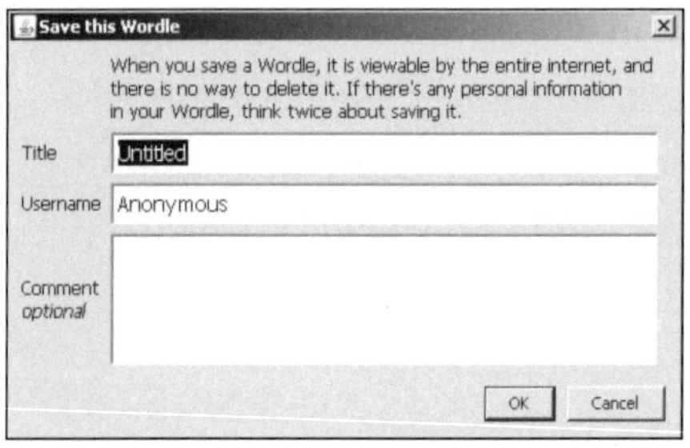

Pflichtangaben zur Veröffentlichung des Wordle in der public gallery

Paste this code into your blog or home page to link to this Wordle:

```
<a href="http://www.wordle.net/show/wrdl/4627205/wordle"
  title="Wordle: wordle"><img
  src="http://www.wordle.net/thumb/wrdl/4627205/wordle"
  alt="Wordle: wordle"
  style="padding:4px;border:1px solid #ddd"></a>
```

Embed code *zum Einbetten des Wordle in eine Website (z. B. Blog, Lernplattform)*

5. Du kannst das Wordle jederzeit löschen, indem du den Link aktivierst, der dir nach der Speicherung deines Wordle automatisch zur Verfügung gestellt wird. Speichere diesen Link für den Fall, dass du dein Wordle später einmal löschen möchtest.

You have saved your Wordle to the public gallery!

It can now be viewed by the whole internet. If you've changed your mind, and would like to delete it, click here: DELETE THIS WORDLE

In the future, if you'd like to delete this wordle, you'll need to use this URL: http://www.wordle.net/delete?index=4627205&d=BQGU

Don't share that URL with anyone else, and **do** save it somewhere if you think you'll want it, since you'll never see it again.

Löschen eines Wordle über einen individuellen Link

Anleitung für Schülerinnen und Schüler: So erstelle ich eine virtuelle Pinnwand mit Pinterest

Pinterest

Für die Arbeit mit Pinterest (www.pinterest.com) ist eine Anmeldung erforderlich. Beachte hierbei die allgemeinen Hinweise zur Anmeldung bei Web-2.0-Diensten.

Verweis Hinweise und Checkliste zur Registrierung im Web 2.0, KV 1

1. Nachdem du dich bei Pinterest registriert hast *(Bei Pinterest registrieren)*, logge dich mit deiner E-Mail-Adresse und deinem Passwort *(Mit E-Mail anmelden)* ein.

Anmeldung bei Pinterest mit E-Mail-Adresse und Passwort

2. Wähle im Auswahlmenü die Option *Dein Profil – deine Pins* und aktiviere die Option *Pinnwand erstellen*.

Option zur Erstellung einer Pinnwand

3. Gib für deine Pinnwand einen Namen und eine Beschreibung ein und ordne sie einer Kategorie zu. Wenn die Pinnwand nur für dich und die von dir geladenen Nutzer sichtbar sein soll, wähle die Option *Geheime Pinnwand*. Bediene anschließend den Button *Eine Pinnwand erstellen*.

Name, Beschreibung und Kategorie wählen

4. Gestalte deine Pinnwand, indem du Pins anheftest. Du kannst Pins aus dem Internet, von deinem Computer oder aus Pinterest hinzufügen. Nachdem du einen Pin hinzugefügt hast, kannst du eine Beschreibung eingeben. Bediene anschließend den Button *Pin it*.

Gestaltung einer Pinnwand

5. Du kannst die Pinnwand an Mitschülerinnen und Mitschüler sowie Lehrerinnen und Lehrer weitergeben, indem du sie an die E-Mail-Adresse der Personen über die Option *Pinnwand senden* schickst.

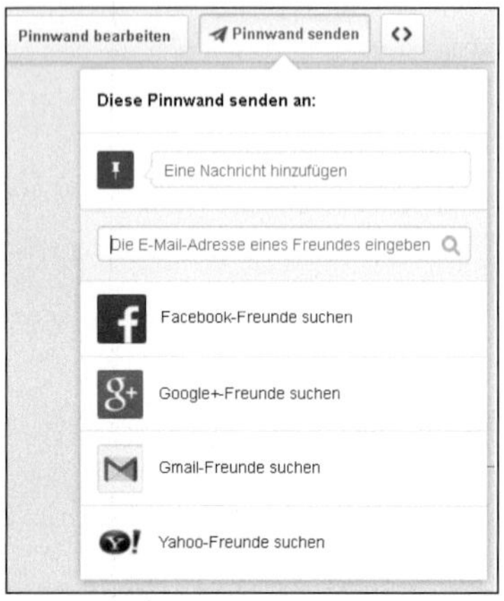

Die Pinnwand an Mitschüler und Lehrer weitergeben

6. Deine Pinnwand wird gespeichert und du kannst die einzelnen Elemente jederzeit aufrufen, überarbeiten und erneut speichern oder löschen.

Anleitung für Schülerinnen und Schüler: So erstelle ich eine Präsentation mit Prezi

Für die Arbeit mit Prezi (www.prezi.com) ist eine Anmeldung erforderlich. Beachte hierbei die allgemeinen Hinweise zur Anmeldung bei Web-2.0-Diensten.

Verweis Hinweise und Checkliste zur Registrierung im Web 2.0, KV 1

1. Nachdem du dich bei Prezi unter prezi.com/pricing/edu für einen kostenlosen Schülerzugang *(Edu Enjoy)* registriert hast *(Sign up)*, logge dich mit deiner E-Mail-Adresse und deinem Passwort ein.

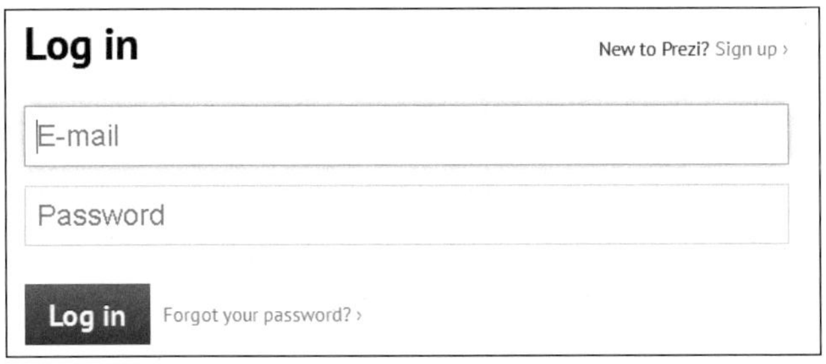

Anmeldung bei Prezi mit E-Mail-Adresse und Passwort

2. Aktiviere den Button *New prezi*, um eine neue Präsentation zu erstellen.

3. Wähle entweder eine Vorlage aus *(Choose your template)* oder starte mit einer leeren Seite *(Start blank prezi)*.

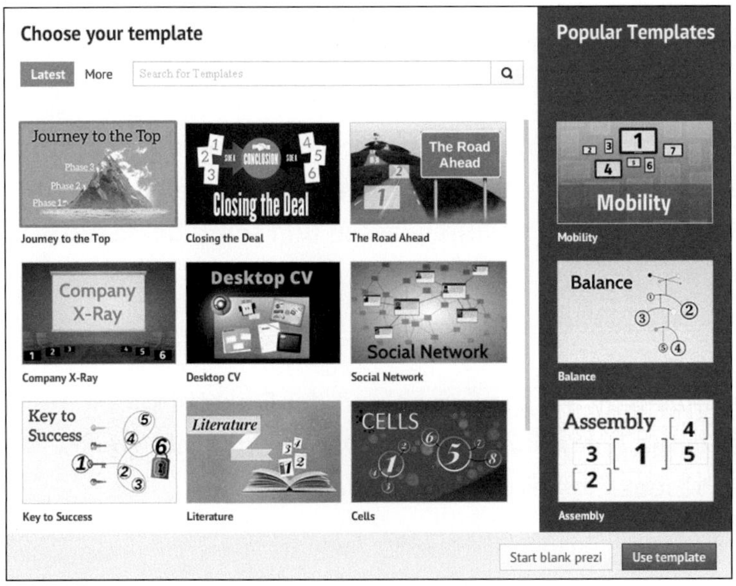

Mit oder ohne Vorlage mit einer Präsentation starten

4. Erstelle deine Präsentation und beginne mit der Texteingabe *(Click to add text)*. Der Text lässt sich in einem Editor wie mit einem Textverarbeitungsprogramm in Größe, Schriftart, Farbe etc. bearbeiten. Klicke auf eine beliebige Stelle, um weiteren Text zu einem weiteren Aspekt einzugeben. Zur Texteingabe erscheint erneut der Editor.

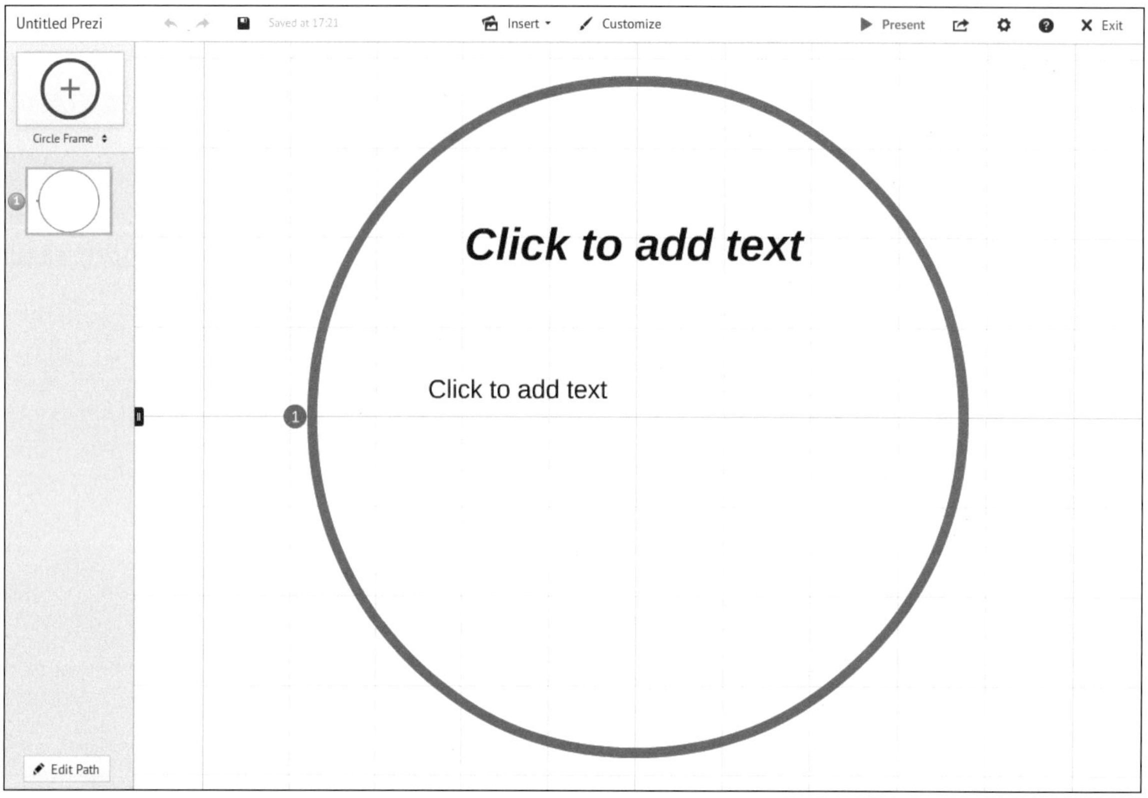

Texteingabe bei Prezi

5. Du kannst Bilder, Videos und weitere Objekte einfügen, indem du die Option *Insert* aktivierst.

6. Um die Präsentation zu animieren, wähle die Option *Edit Path*. Hier kannst du die einzelnen Objekte verknüpfen und bestimmen, in welcher Reihenfolge sie jeweils erscheinen sollen. Unter der Option *Present* kannst du die Animation ablaufen lassen und somit deine Auswahl prüfen.

7. Veröffentliche deine Präsentation, indem du auf das Symbol mit der Diskette klickst. Du kannst deine Präsentation mit anderen teilen, indem du die Option *Share* aktivierst. Unter *Share* kannst du auch aus der Präsentation eine PDF generieren.

8. Die Präsentationen, die du mit Prezi erstellst, werden in deinem Arbeitsbereich gespeichert und du kannst sie jederzeit editieren, speichern und löschen.

Feedback für Schülerinnen und Schüler auf Web-2.0-Aufgaben

Bewertet die Web-2.0-Präsentation eurer Mitschülerinnen und Mitschüler mithilfe des Feedbackbogens. Dabei hilft euch die folgende Tabelle. Besprecht immer zuerst, was gut war.

Name(n): ______________________________

Thema: ______________________________

Web-2.0-Dienst: ☐ Popplet ☐ VoiceThread ☐ Voki ☐ Voxopop ☐ Wordle ☐ Pinterest
(Zutreffendes ankreuzen)

Aufgabe zu Unit ______________________________

Das war besonders gut: ______________________________

____

____

Wie gesprochen?	☐ flüssig	☐ stockend	☐ mit Unterbrechungen
Was thematisiert?	☐ alles, was zum Thema gehört	☐ das meiste, was zum Thema gehört	☐ nur ganz wenig, was zum Thema gehört
Wie vorgetragen?	☐ lebendig, gutes Tempo	☐ schwankendes Tempo	☐ zu schnelles oder zu langsames Tempo
	☐ laut genug	☐ manchmal zu leise	☐ viel zu leise
Wie bebildert? (für Popplet, VoiceThread, Voki, Voxopop, Pinterest)	☐ Bilder gut zu erkennen	☐ die meisten Bilder gut zu erkennen	☐ Bilder nicht zu erkennen
	☐ Bilder passen gut zum Thema	☐ Bilder passen ganz gut zum Thema	☐ Bilder passen nicht zum Thema
Wie aufgenommen? (für VoiceThread, Voki, Voxopop)	☐ Aufnahme gut verstanden	☐ Aufnahme manchmal undeutlich	☐ Aufnahme sehr undeutlich
Wie gestaltet? (Popplet, Wordle, Pinterest)	☐ Text gut lesbar	☐ Text noch gut lesbar	☐ Text nicht lesbar